天津市社区社会工作实务指导丛书

社区社会工作案例选编

精神文化篇

SHEQU SHEHUI GONGZUO ANLI XUANBIAN

JINGSHEN WENHUAPIAN

天津市社会工作协会 编

保定彩虹印刷有限公司

中国社会出版社

国家一级出版社·全国百佳图书出版单位

图书在版编目（CIP）数据

社区社会工作案例选编·精神文化篇／天津市社会工作协会编.—北京：中国社会出版社，2017.3
（天津市社区社会工作实务指导丛书）
ISBN 978-7-5087-5587-8

Ⅰ.①社… Ⅱ.①天… Ⅲ.①社区—社会工作—案例—天津 Ⅳ.①D669.3

中国版本图书馆 CIP 数据核字（2017）第 022764 号

丛　书　名：天津市社区社会工作实务指导丛书
书　　　名：社区社会工作案例选编·精神文化篇
编　　　者：天津市社会工作协会

出　版　人：浦善新
终　审　人：王　前
责 任 编 辑：张　迟　　**责任校对**：董凯丰

出 版 发 行：中国社会出版社　**邮政编码**：100032
通 联 方 法：北京市西城区二龙路甲 33 号
电　　　话：编辑室：（010）58124856
销售部：（010）58124850
网　　　址：www.shcbs.com.cn
shcbs.mca.gov.cn
经　　　销：各地新华书店

中国社会出版社天猫旗舰店

印 刷 装 订：保定彩虹印刷有限公司
开　　　本：170mm×240mm　1/16
印　　　张：18.75
字　　　数：309 千字
版　　　次：2017 年 3 月第 1 版
印　　　次：2018 年 4 月第 3 次印刷
定　　　价：56.00 元

中国社会出版社微信公众号

天津市社区社会工作实务指导丛书编委会

前言 | PREFACE

社会工作是一门科学，也是一门专业，其目的在于协助人们解决其个人、群体（尤其是家庭）、社区的问题，以及运用个案工作、小组工作、社区工作、行政和研究等方法，促使个人、群体和社区之间的关系达到满意的状态。

为了更好地帮助广大社区社会工作者尽快掌握科学、专业的助人技巧，提高社会工作人员职业素质和专业水平，天津市社会工作协会联合全市各区民政部门，成立编委会，收集整理基层社区工作人员开展工作的亲身事例、工作经历、创建项目等，通过层层筛选、择优录用，汇编形成一套“天津市社区社会工作实务指导丛书”。

本套丛书分为三个部分，共6册。第一部分为社区社会工作典型案例，包括《社区社会工作案例选编·民主协商篇》《社区社会工作案例选编·为民解困篇（上下）》《社区社会工作案例选编·处理纠纷篇》《社区社会工作案例选编·精神文化篇》4册；第二部分为最暖心社工故事，《最暖心社工故事选编》1册；第三部分为最具影响力社工项目，《最具影响力社工项目选编》1册。

本书内容均为专业社工、社工机构或服务对象亲身经历的实务案例，内容真实。同时，本书在理念、技巧、方法和问题解决方面都较好地体现了社会工作的专业性、理论性和创新性，具有很强的示范性和借鉴性。

目录 CONTENTS

创建优美环境　筑造和谐家园

赵　洁

一、背景介绍

福明社区位于劝业场街道西北部，是典型老旧城区，房屋多为近百年老旧建筑。河南路29号大院（以下简称河南路29号）便是其中之一，这里曾经是我社区一大卫生死角和治安难点。大院由将近百年的老式日本三层建筑构成，现有60余户住户，只有十一二户是原住户，其他绝大部分都是外地租户。胡同路面坑洼不平，下水管道坍塌，经常出现堵塞导致污水常年外溢的现象，臭味难闻，院门系老旧木门，年久失修早已破损，入室盗窃案件频发，居民平安指数、幸福指数急剧下降。

二、分析预估

针对河南路29号情况，社区进行了两个方面的预估，一方面是对河南路29号环境和治安现状进行了预估：（1）由房屋管道老化造成；（2）外地租户较多，常年的不文明生活习惯造成；（3）院门年久失修昼夜敞开，经常有陌生人出入，造成河南路29号经常失窃。

另一方面社区针对如何解决现状的实施方案进行了预估：（1）社区工作人员对楼内的60余户住户进行了逐一走访，征求意见，广泛听取他们的意见和建议；（2）召开公安、排水、道路、房管、燃气、街道社区相关部门现场会，就如何解决下水管道堵塞问题制订可行性方案。

三、服务计划

（一）服务目标

通过整合社区资源做好河南路 29 号的治理整顿，切实为群众排忧解难，增强社区党组织的凝聚力，提升居民对社区的归属感和认同感。真正做到“民事、民议、民决”，为社区和谐稳定发挥积极的作用。

（二）服务策略

综合河南路 29 号实际情况，客观方面：（1）联系保洁队做好河南路 29 号卫生清整工作；（2）向有关部门申报为民服务专项基金，用于为居民铺设路面和重新修缮安全公共大门；（3）由排水、房管部门做好下水管道的更换工作。主观方面：（1）由楼内的志愿治安巡逻员加强巡逻，做好邻里守望；（2）社区公安通过宣传和鼓励的方式，引导全院居民树立公德意识、安全意识。

（三）服务程序

为做好河南路 29 号院的治理整顿工作，首先落实民主协商制度，请楼内的群众代表召开环境治理专题会议，征求他们的意见；其次，召开公安、排水、道路、房管、燃气、街道社区相关部门现场会，针对如何解决下水管道堵塞问题找出可行性方案；最后以公安部门为主对居民进行宣传和教育，树立公德意识、安全意识，做好邻里守望工作。

四、服务计划实施过程

第一，我社区在做好了精心安排、充分了解社情民意的情况下，在河南路 29 号院召开了环境治理专题会议，请到了楼内的居民代表征求他们的意见。经居民充分酝酿，比较统一的意见是由社区协调相关部门做好下水管道的更换和疏通工作，社区协调街保洁队做好 29 号院的环境治理工作，大门进行修缮，每户配备钥匙，晚上锁好院门，做好安全防范工作。同时，院内居民以吴淑敏、唐鸿山为主做好院内的治安巡逻工作，注意陌生人的出入，如有新租住户入住，与楼内的邻居做好备案工作。

第二，召集公安、排水、道路、房管、燃气、街道社区相关部门现场会，经过现场勘查决定，给河南路 29 号院下水管道重新做好外管道的铺设，直接与主管道连接，此项工作由排水部门承担，道路、燃气部门配合，院内下水管道的疏通由房管站承担。社区、公安配合各部门做好此项工作。分工明确后短短两天内，29 号大院的下水管道完全修缮，多日外溢的臭水终于消失了。

第三，社区联系街道保洁队进行了近一个月的清整工作，社区党委充分发挥基层党组织战斗堡垒作用和党员先锋模范作用，带领主任们、保洁队员一起，冲在第一线，多年不动的卫生死角被清理干净了，火险隐患消除了，院内整齐了，楼道的堆物明显减少了。

第四，院内清理过后社区第一时间联系施工单位火速对 29 号院进行路面铺设，经过重新铺设，原来坑洼不平的胡同路面平整了，粉刷了楼道的墙壁，修缮了公共院门。

第五，社区主任们配合公安民警张贴温馨提示，做好宣传工作，宣传文明公约，告知他们自觉爱护环境卫生，不要向下水道内乱扔大件垃圾，避免造成堵塞，要提高安全防范意识，租房户们都对社区提出的要求纷纷表示理解并能够自觉做到。

五、总结评估

经过对河南路 29 号院的综合治理，院内的环境卫生有了明显的转变，院内整齐了，火险隐患消除了，楼道的堆物明显减少了，再也没有难闻的臭味了，院内墙壁白了，院内的路面平了，居民们喜笑颜开，纷纷表示再也不用担心人身安全问题了，多年解决不了的难题在上下通力合作的情况下得到彻底解决。院内的治安状况也有了明显的改善，居民的平安指数和幸福指数都在提升。

经过社区主任进行回访，居民反映由于 29 号院已经安装了暖气，要求将院内的土道进行封堵，此项工作将在下一步落实。

六、专业反思

本案例深入贯彻了社会工作“助人自助”“利他主义”“民主参与”“平等意识”的专业工作理念，在解决的过程中，分别使用了社区工作方法的“社区策划模式”“地区发展模式”两种社区工作方式，充分整合社区资源，集中体现了基层协商民主机制的落实，化解社区矛盾，提高社区自治能力，解决好百姓的诉求，确确实实解决了群众关心的热点难点问题，提升了居民对社区的归属感和认同感，对社区和谐稳定起到了良好的作用。

（作者单位：和平区劝业场街道福明社区）

“百分百”改造更换“三大管”

孙长亭

近年来，天津市实施旧楼区居住功能综合提升改造，更换住户室内燃气管、自来水管和下水管（以下简称“三大管”）。面对居民住户多种情况，实施起来困难较大。开封道社区居民委员会所辖开封里小区，实现了更换“三大管”一片不差、一户不落，做到了100%。

一、背景介绍

开封道社区所辖开封里小区有6栋高层住宅楼，常住居民484户。房屋建设于20世纪80年代，燃气管、自来水管和下水管严重老化，特别是下水管堵塞时有发生，造成污水粪便跑冒，居民生活深受困扰。在区、街道领导的关心帮助下，开封里小区纳入了旧楼区居住功能综合提升改造，政府出资为居民免费更换“三大管”。

二、分析预估

为高层住宅楼更换居民室内管道可不是件容易的事，要求从上到下每片一户不差地更换。经过入户走访，社区工作人员了解到有的居民进行了室内装修，拆除恢复怕麻烦，不愿改；有的居民因子女不在身边，搬动物品不方便，不想改；有的房屋闲置，找不到房主，无法改；有的签字同意了，干的时候又提出新要求，不让改。致使更换工程难以实施。

三、服务计划

旧楼区居住功能综合提升改造，是市政府实施的惠民工程，关系居民群众的切身利益。如何把实事办好，是摆在社区居民委员会面前的课题。在分析预估的基础上，制订如下服务计划：

（一）服务目标

开封里小区484户居民，实现一片不差，一户不落，全部完成更换“三大管”，明显提升居民居住质量，让群众受益得实惠。

（二）服务策略

一是统一思想，提高认识。社区居民委员会利用多种形式大张旗鼓地进行宣传，用事实说话，把“要你改”变为“我要改”。

二是规范服务，确保质量。在社区张贴公示设计方案、队伍资质、管材质量和维修保障等资料，让老百姓心中有底。打消“怎么改”的疑虑，确保“改得好”的结果。

三是发动群众，广泛参与。社区居民委员会多次召开居民代表会、意见征询会，进行沟通交流。广泛发动群众，在每个楼门栋建立以党员、志愿者为骨干的服务小分队，激发邻里互助的热情。

（三）服务程序

社区工作人员一方面入户到居民家中做耐心细致的思想工作，因人而异，一户一策；另一方面找施工方协商最佳改造方案，在楼里做出样板间工程，让居民参观，发挥示范引领作用。

四、服务计划实施过程

在实施过程中，居民家中小拆小改，搬搬动动，党员志愿者一起帮忙干；大拆大改协助联系装修队上门服务；青年人上班请不了假的留下钥匙安排专人照看；老年人停水做不了饭的邻居送去热乎乎的饭菜；对闲置多年无人居住的空房，多方联系帮助查找房主。可以说是磨破了嘴，跑断了腿，片片都有小故事。

这样，社区党员志愿者编织起服务群众的网络，楼门里的居民就是这个小分队的责任区，居民有困难、有问题不出楼门，党员志愿者做到下情上达，小分队成员就能上门服务，使问题得到及时解决。

在施工接近尾声时，有两片遇到了较大的阻力，原因是有两户新婚居民房屋装修不久，而且档次较高，思想工作一时做不通，影响到 44 户管道的更换。当时年终将至，望着群众期待的眼神，社区主任向居民郑重承诺，“我们绝不言弃，有 1% 的希望，我们就要尽 100% 的努力，开封里一户也不落下”，稳定了居民的情绪，让群众吃了“定心丸”。同时社区工作人员多次与房主沟通交流，采取房主自行担一点、上下邻居凑一点、社区帮助筹一点的办法，解决了拆改费用。居民委员会协助联系找来装修队，并负责监理拆改全过程，做到房主、邻里都满意。经过大家的共同努力，开封里小区更换“三大管”，实现了 484 户一户不差达到 100%，使百姓受益得到了实惠。社区群众说：“这是一个奇迹。”

五、总结与思考

通过这些民心工程的落地实施进一步增强了社区党组织、居民委员会在群众中的影响力和号召力，群众信你，说话好使。我们体会到：

一是社区的事，要依靠群众来办，要同群众商量着办，要让群众参与去办。更换“三大管”事关家家户户，只要把群众发动起来，让群众参与进来，再大的困难也能克服，再棘手的问题也能解决。这就叫作“众人拾柴火焰高”。

二是要讲究工作方法。方法和策略是成功与否的关键。面对当前群众思想多样化、利益诉求多元化的状况，要耐心细致地做好群众的思想工作，思想通则百事通。针对不同情况，分类施策，因人制宜。程序上不要怕麻烦，要一步一步地走，做到“瓜熟蒂落，水到渠成”。

三是老百姓的事不办则已，一办就要一抓到底，不成功绝不放弃，要有一股韧劲，要有一种精神。实施中每个环节都不能马虎，每一个细节都不能粗心，要抓细、抓实，这样才能成为让群众满意的工程。

（作者单位：和平区小白楼街道开封道社区）

汇聚各方力量解难题
创建平安家园促和谐

陈艳梅

一、背景介绍

2014年6月，金泉里社区居民40余人与29门天海物业公司因其公司私装移动发射信号塔事宜引发纠纷。居民一方以发射塔的信号强，离居民区太近，有害人体健康容易致癌为理由，要求天海物业公司对房顶安装的移动公司天线发射塔（基站）予以拆除。

二、分析预估

居民委员会在接到居民反映后，考虑到这件事情在居民中影响很大，社区居民委员会工作首要一条就是要让居民生活在和谐、稳定、安乐、宜居的生活环境中。所以，居民委员会孙主任一行人，第一时间来到天海物业公司，就发射天线塔事宜与天海物业公司进行交涉，为了居民群众的安全，要求他们不能在居民区楼顶建立基站。本着协商民主制度，发挥各方作用、保证居民一方平安的原则，居民委员会向天海物业提出：第一，移动公司建立新基站应该是很严格的，从选定到建站、基站占地或房屋租用及用电协议都应该有业主签订；第二，根据《中华人民共和国物权法》第七十条和第七十六条规定，不管发射塔对人是否有害，安装发射塔必须征得专有部门同意；第三，该移动公司安装信号基站时没有向周边居民进行公示征询意见，同时也没有出示环保审批的相关手续，并未向该小区全体业主征求意见。所以本着居民安全的原则，要求予以拆除。

三、服务计划

（一）服务目标

社区居民委员会是一个繁多而复杂的工作，只有牢记“群众利益无小事”的服务宗旨，人民群众生活的家园是我们工作的重心，我们肩负着服务群众的重要责任。除了工作中要一心一意为社区居民服务外，生活中我们也不忘尽自己所能为居民排忧解难。努力为他们解决生活中遇到的实际问题，让每一位居民感受到社区大家庭的温暖。

（二）服务策略

1. 召开现场协调会。
2. 召集居民联名签字。

四、服务计划实施过程

2014 年 6 月，由于天海物业单方面与移动公司达成协议，在金泉里 29 门天海物业楼顶安装发射塔天线进行运行，金泉里居民与天海物业未达成一致，造成居民集会，随后把天海物业围占，封锁大门。社区居民委员会第一时间赶到现场，经调解并组织召开了第一次现场协调会，当时在场的有社区民警、综合执法、移动公司莫经理、天海物业代表、居民代表和居民委员会几方人员，迫于居民的压力，天海物业公司经理拿出了他们私下与移动单方面签订的同意移动公司在楼顶建基站协议书。居民当场表示不能接受，综合执法也提出，如果他们没有征得居民同意强行安装，就要没收全部设备。双方一直僵持到晚上 12 点钟才达成初步一致。迫于压力，移动公司同意不建了。通过现场协调会，进一步增强了社区和居民的情感沟通，社区真正起到群众和政府部门之间的桥梁和纽带作用。在一个晚上的协商会议上，居民们畅所欲言，非常高兴，感谢我们解决了居民反映的问题，真正为民办实事。

2015 年 12 月 25 日，居民再次向社区居民委员会反映在社区金泉里 29

门天海物业所属楼上发射塔有开启迹象，要求社区居民委员会予以调解。居民委员会马上与天海物业进行了联系，又召集双方当事人进行沟通，随后孙主任带人到29门天海物业楼上进行了实地查看，派出所所长张教导员也到现场查看，汇聚各个部门力量，召开了第二次现场协调会。会上，居民委员会代表居民提出以下拆除理由：（1）安装信号基站时没有公示，信号塔的安装要经过环保部门和城市规划部门的审批，有许可证及证明。无《环境污染评估报告》和《电磁辐射环境验收报告》，不能安装。（2）基站电磁辐射大，影响全体居民健康，尤其是小朋友的身体健康。现在手机都有辐射，妇女怀孕了医生还要求尽量不玩手机、远离电视、微波炉，等等，何况是信号发射塔？发射塔的体积远比这些家用电器大得多了，对整栋楼的居民健康肯定有影响的。（3）根据《建筑物防雷设计规范》所规定的要求，接地电阻不合格，信号发射塔的避雷设施就成了引雷设施，对周边居民和房屋有极大的危害。

经社区孙主任苦口婆心地做思想工作，最终金泉里居民与天海物业达成一致意见。在居民委员会的监督下，天海物业人员将楼顶信号发射塔的天线电源切断，并在楼顶通道门上重新安装了固定门锁，防止有人在两方不在情况下继续使用。天海物业马经理说：“派出所、居民委员会和居民代表提出的建议我们可以商量，明天上午请各方代表一起去物业找我们韩总商量。”第二天，几方代表来到天海物业理论此事，韩总当即就表示同意天海物业与移动公司解除合同，停止发射塔运营。

为了让这件事情不能再继续发生，居民代表又联系金泉里小区29个楼门300多户的居民联名签字，大家一致要求把房顶上的电闸拉掉，大家认为，只有把电断掉才能保证他们不再继续使用基站。电断掉了，但是移动公司一直不把设备迁出，居民还是很担心，最后居民代表李琦在2016年1月提出准备上访，居民委员会工作人员就又与这几家单位分别谈话，天海物业公司以自己无权拆除为由，提出只能由移动公司拆除。移动公司则以与天海物业公司双方正在走司法程序为理由，不肯拆除。最后达成协议，电线剪断，在通往顶楼的通道重新再加锁，以防有关人员上楼操作。一起集体上访事件得到了制止。至此这件事情才算彻底解决了。

五、总结评估

社区居民委员会的工作应本着让居民群众切实感受到“事有人管、难有人帮、怨有人听”，进一步在居民群众中增强威信，凝聚人心。能够消除居民的不满，让居民满意。金泉里29门天海物业公司在未经过居民同意的情况下，就与移动公司签订这样的协议，在调解中，移动公司虽然已经答应了，但还是屡次施工。他们这种偷偷摸摸的行为伤害了老百姓的利益，违反了物权法的规定，社区必须要管，以防酿成不稳定事件。社区安全工作的首位，就是不能存在麻痹思想和侥幸心理。不断提高应对防范突发事件的能力是和谐社区建设重点工作之一。

六、专业反思

社区工作必须紧紧围绕“访民情、惠民生、聚民心、促和谐”这一主题，工作中针对居民反映的实际问题，及时召开议事协商会议 、现场协调会，集思广益，拟订方案，制定措施，汇聚政府和各职能部门以及辖区单位等多方力量，这样才能共同解决居民群众的棘手问题，保群众生活平安、幸福。这也正是汇聚各方力量破解难题、创建平安家园、促进和谐的专业需要。

（作者单位：和平区新兴街道金泉里社区）

让我们一路同行

王连明

一、背景介绍

2002年，西宁道辖区内的吉利花园小区正式落成，居民陆续入住。该小区位于和平区贵阳路与宝鸡东道一侧，建成后共有4栋32层居民住宅，1至4层为底商；5层以上为居民住宅；其中，1号楼、2号楼、3号楼为还迁住房，4号楼为商品住房，4座高层均由和平区高层房管站旗下的景厦物业负责日常维护和管理。

二、分析预估

随着时代的变迁，生活水平的提高，居民购买私家车的数量逐年递增，随之而来的问题层出不穷。譬如，机动车乱停、乱放；非小区车辆堂而皇之地随便进出，而无人问津；由于本小区车位被占，部分车主车辆无法存放；停车难、存车难的问题凸显，不仅损害了小区居民的利益，有车一族的工作和生活也平添了不少烦恼。于是，停车场进驻小区，管理车辆，服务居民，随之应运而生。

三、服务计划

（一）服务目标

按照社区网格化管理，根据各网格目前的情况，针对吉利花园1～4号楼各楼居民的具体情况，社区居民委员会开展入户调查私家车拥有数量，了解大家的需求，以便进一步明确服务目标。

（二）服务策略

在区相关部门的协调、帮助、支持下，经与小区景厦物业和存车部门协商管理办法。

（三）服务程序

入户登记车辆，由物业部门牵头对小区甬道实地施画停车线，统一制作停车证，进行规范管理。

四、服务计划实施过程

以社区入户登记车辆情况为基础数据，再将小区甬道预留车位进行统一施划，开辟了地下存车场地；由存车部门与物业部门联手，统一制作停车证并收取管理费用。在区委、区政府及南营门街道办事处领导的支持、关心下，将小区停车乱、停车难、存车更难的棘手问题圆满解决。

五、总结评估

通过吉利花园小区存车系列措施的推进，得到了广大居民的积极配合和支持，赢得居民群众的赞同和认可。期间，社区居民委员会利用居民代表大会、入户走访、对话会、恳谈会等形式；在深入了解居民诉求的基础上，在公开的前提下，由物业部门将停车收费的服务项目、服务承诺向全体居民公布。停车管理与物业部门还签订了职责明确的服务合同，通过一段时间的试运行，目前实现了服务与管理的平稳过渡，规范了小区整体停车环境和秩序。

六、专业反思

解决好居民、物业、停车管理的矛盾这个过程，是一个循环往复的过程，每一个步骤都包含了对工作过程的不断总结与反思。作为社区层面，要积极善于发现问题的根源，探讨解决问题的实质，对整个实施过程有一个动态的了解，这样才能不断调整工作和解决问题的策略，维护广大居民的最大利益。

（作者单位：和平区南营门街道众城里社区）

开展老年人文体活动典型案例

涂博君

一、背景介绍

南市街道新文化花园社区居民委员会辖区面积32万平方米，东起广善街，西至南门外大街，南起多伦道，北至福安大街，由新秀居、新丽居、新典居、新雅居四个小区组成，共有47个楼栋，社区户籍1231户4238人。社区居民委员会办公用房和活动场所面积500多平方米，划分为管理人员办公室、综合服务厅、文化活动室、党员教育活动室等功能区域。社区文化团队建设始终是社区的一项重点工作，开展居民喜闻乐见、健康有益、形式多样的文体娱乐活动是新文化花园社区精神文化建设的主要目标，其中社区模特队和健身舞蹈队作为社区文体团队中的志愿服务典型，更是在各类文艺活动中作出了突出贡献。

二、分析预估

当今社会老龄化不断严重，增强居民的身心健康，提高居民尤其是社区中老年人的生活质量就显得越发重要。老年人的需求是多方面的，除了丰衣足食外还有精神层面的需求。现在有了社区文化团队，天天有事干、有所求，生活充实，参与人员不但学习知识，切磋技艺，而且交流思想，增进友谊，既锻炼了身体又开阔了眼界，提升了自身生活情趣，还促进了社区邻里和谐。

三、服务计划

（一）服务目标

弘扬社区文化，展示社区居民风采，为社区内喜爱文艺的中老年居民提供交流的平台，帮助社区老年人更好地利用他们的闲暇时间，充实自己的晚年生活。帮助大家锻炼身体，增强自信，找到生活乐趣，表达对生活的热爱。引导这些爱好文艺的老年人们成为社区志愿者骨干力量，通过他们的号召带领越来越多的居民参与到社区公益事业中来，奉献自己的一份爱心。

（二）服务策略

加强老年文化建设，采取有力举措，为老年人提供良好的精神生活环境、文化产品与服务势在必行。组建社区文艺社团是社区老年人渴望丰富多彩的文化生活的一个载体，加强老年文化建设和志愿者团队建设，关系到社会的稳定和发展，关系到构建社会主义和谐社会的重大问题。社区健身舞队和模特队的活动，有力地调动了广大社区老年居民的积极性。使社区成为传播先进文化、塑造美好心灵、弘扬正气、倡导科学文明健康的生活方式、营造健康向上、文明和谐的社会氛围，提高居民的生活质量，满足了社区居民的生活、精神文化需求，并成为社区宣传精神文明，开展志愿帮扶活动的阵地。

（三）服务程序

1. 充分认识老年文化建设和志愿者团队建设在构建和谐社会中的重大意义。

2. 要进行长远规划，加大政策扶持和投入，搞好基础设施建设。

3. 大力培育和发展老年文化活动，将热心社区公益事业的居民纳入社区志愿服务团队建设中来。

4. 办好老年教育。

5. 开展丰富多彩的公益演出活动。

6. 加大社区文化建设的宣传，营造良好的社会氛围。

四、服务计划实施过程

1. 以培养居民发展互助，建立社区团结为目标，聘请专业人士和购买表演所需的相关设备，帮助文体团队的成员从形体、文化等各方面加强学习，从而提高社区文艺团队的整体素质水平，丰富演出效果，为社区内喜好文艺的居民提供交流的平台。

2. 促进居民的个人发展，社区工作者通过组织一系列的社区文体活动，如夏季文艺演出，春节联欢，慰问老党员、外来务工人员等活动，让爱好文艺的居民们在这些活动中相互熟悉、交往、沟通，并让部分有积极性的居民承担一些任务，在活动结束后，社区工作者和居民志愿者共同分享活动的收获，用合作经验鼓励居民持续参与，并增强他们的自信心。

3. 通过组织社区文体团队开展一系列的志愿服务演出，以此为契机让社区更多的居民通过观看演出参与到社区活动中来，拉近居民距离，促进互相了解改善邻里关系，帮助社区的空巢老人、体弱多病的居民能够感受到来自社区的温暖，解决部分居民对社区认同感不强、活动参与度不高的问题，吸引更多的人加入社区志愿服务行列中，发展社区资源，使居民对社区更加认同和投入。

五、总结评估

社区健身舞队和模特队自成立以来，队员们相互监督鼓励，强身健体，在学习的过程中大家表示学到的坚持和团队凝聚力是一种可贵的优秀品质。除了平日的锻炼活动，这两支队伍积极参与社区志愿服务，邻里之间谁家有什么困难大家都伸出援手，帮着买菜做饭，照顾老人孩子，使社区更加和谐。通过参与社区组织的各类文体活动，帮助社区退休居民极大地提升自身的身体素质和精神风貌，营造出健康向上、文明和谐的社会氛围，社区文艺团队队伍的壮大在提高社区居民生活质量的同时，也满足了社区群众的精神文化需求。并成为社区宣传精神文明的阵地。健身舞团队自成立以来积极参加社区各类公益活动演出，每年社区夏凉晚会，各类传统节日联欢，以及街道、区、市组织的公益活动中都有健身舞队员的身影，演出广受欢迎，模特队更是在2009年参加天津电视台组织的“当红不让”节目中获得了全年总冠军，2010年参加全国社区音乐大奖赛获“金韵奖”，全队代表天津市到杭州演出展示。

六、专业反思

社区老年人文化团队建设的目的是让社区的中老年居民在参与社区活动的过程中，互相认识，进而引发共鸣，愿意互通有无，互相协力，共同为提升社区生活的质量而努力。随着老龄社会的到来，鼓励并带领老人们积极参与到社区建设中，组建文化团队，开展志愿服务，做好社区中老年人的社会服务对社区老人的身心健康、家庭和社会的稳定以及整个社会的和谐发展都具有重要的意义。可以说，做好老年人文化团队社会工作，既是造福老人，也是造福整个社会的事业。

（作者单位：和平区南市街道新文化花园社区）

疏通下水管道还百姓一个整洁的环境

元吉里社区

一、背景介绍

元吉里社区是一个30多年的老旧小区，小区产权隶属企业，在进行旧楼改造的第二年春节前一周，小区下水主管道2楼、5楼、8楼门的污水井污水外溢，造成居民出行困难，居民多次给居民委员会打电话反映此事，希望能够尽快解决。

二、分析预估

该小区是个30多年的老旧小区，虽然进行了旧楼小区改造，但是下水主管道却没有更换，而且物业也没有正式进驻，只是负责对小区卫生的日常清扫。正值春节前夕，如果污水外溢的问题不能得到解决，会造成居民生活上的不便，容易激化不满情绪，出现偏激行为。

三、服务计划

（一）服务目标

1. 将小区楼门口的污水井疏通。
2. 使小区内居民能够安心用水及出入家门。

（二）服务策略

1. 安抚小区内居民情绪，防止居民出现过激行为。

2. 积极与小区内产权单位沟通协调，将小区内的下水管道疏通。

（三）服务程序

1. 在接到居民打来的电话后，居民委员会工作人员第一时间赶到小区，到现场查看污水外溢的情况。

2. 了解该小区产权为企业产权，与所属产权单位进行沟通。

3. 在居民委员会多次与产权单位负责人协商沟通后，最终同意解决此事。

四、服务计划实施过程

居民委员会在接到小区居民打来的电话后，居民委员会的物业及文卫主任第一时间到达小区，现场查看污水外溢的情况，并且通知居民暂时减少用水，以免污水跑冒加重。经居民委员会了解该小区产权为企业产权，疏通下水管道的华洋物业表示只负责公产房，企业产权不管，与所属产权单位负责人进行沟通，了解情况后得知，产权单位负责人称在污水井污水外溢的几天前已对小区内的外井进行疏通并花费1500多元钱，所以现在不属于他们的责任。

居民委员会及时将小区情况汇报给街道领导，积极做好居民情绪稳控工作，以防群体上访。

居民委员会了解到该小区属于企业产权，虽然已有200户的居民是个人产权，但还有80户居民归企业管理。企业认为自己工作已经尽责，所以现在不愿意再承担管理此事，并且极不配合。当时正值春节前一周，居民用水量大，小区内8个楼门其中3个楼门前的污水井外溢跑冒，造成5个楼门前的道路都泡在污水里，影响了居民的出入及正常生活。

居民委员会和企业产权单位负责人积极进行沟通，晓之以理，动之以情，希望企业产权单位承担相应的管理责任。在沟通过程中还了解到企业产权单位管理这个小区已经几十年了，和小区的居民早就形同一家，是有感情的，也不愿意看到居民们泡在污水里过春节。

通过居民委员会的耐心劝解，该企业产权单位同意再给小区内的污水井疏通一遍，确保居民们过一个舒心的春节。

五、总结评估

（一）圆满解决：通过居民委员会多次协调与劝说，企业产权单位最终同意对全小区的污水井进行疏通，在春节前夕圆满解决。

（二）居民满意：居民们非常认可居民委员会和企业产权单位的付出，对解决结果非常满意，感谢居民委员会不推诿、不拖拉，积极协商并很快解决了此事。

六、专业反思

（一）居民委员会在接到居民打来的电话，第一时间及时赶到，安抚了居民的着急情绪，安抚了居民激动情绪，避免了造成群体上访事件。

（二）经过居民委员会和企业产权单位的多次协调和沟通，使得企业产权单位最终同意为小区疏通管道，事情得到圆满解决。

（作者单位：河北区鸿顺里街道元吉里社区）

社区共创建　携手促和谐

黄亚琴

一、背景介绍

位于河北区五马路的日方里小区 1 ~ 18 门属于商品房，原来管理此处的金城物业公司于 2011 年从该小区撤出，自此，1 ~ 18 门的室外污水井一直处于无人管理状态，经常出现污水外溢但无人疏通的情况。为此，居民委员会与多方联系（其中包括鸿顺里房管站、华洋物业、河北排水部门、河北区环卫局），但各单位均表示该商品房不在自己的管辖范围内，鸿顺里房管站几次义务进行了疏通，在 2014 年 1 ~ 18 门污水井再次发生污水外溢情况，因为情况严重，居民委员会先行垫付疏通费，临时疏通了下水管道。2016 年 2 月春节期间，1 ~ 18 门再次发生大量污水外溢情况，居民们再次来到社区，请求居民委员会的帮助。为彻底解决这一问题，作为社区工作人员该如何处理？

二、分析预估

（一）物业问题

日方里小区 1 ~ 18 门属于商品房，原来管理此处的金城物业公司已于 2011 年搬出，此后无物业公司接管。

（二）产权问题

日方里小区 1 ~ 18 门产权复杂，有几间公产房还分属鸿顺里房管站和铁东路房管站管理，多间为私产房，有的私产房属华洋物业管理，有的私产房无人管理，无法统一使用房屋维修基金进行维修。

（三）房屋属性问题

日方里小区1～18门有住宅有底商，住户认为底商是主要导致污水外溢的原因，应由底商负责疏通。底商商户则认为是房屋老旧导致的管道老化，不是自身责任，不应承担此责任。

（四）环境问题

污水外溢导致路面、空气污染，带来出行困难和生活不便，冬天道路容易结冰，存在居民滑倒等安全隐患，极大地影响了居民的生活。

三、服务计划

（一）服务目标

解决小区污水外溢的问题，明确责任主体，社区卫生环境治理是一项长期工作，及时迅速地解决问题，履职尽责，才能保障辖区居民良好的居住环境。

（二）服务策略

基于小区污水外溢问题的紧急情况急需得到解决，社区及时联系相关部门，明确相关部门的责任，并向街道办事处申请，同时在各个楼门栋张贴通知，做好安抚小区居民的情绪。

（三）服务程序

1. 了解污水井外溢的原因，制订相关解决计划。

2. 联系小区物业公司、鸿顺里房管站、河北排水部门、华洋物业等相关部门，明确责任，落实计划。

3. 召开小区居民座谈会，就小区污水外溢问题，提出解决方案，告知居民应当注意的事项。

4. 联系街道办事处协调各个相关部门的工作，以便更快捷地解决小区污水外溢的问题，使服务目标得到妥善迅速地解决，给居民生活出行提供方便。

5. 评估与分析。

四、服务计划实施过程

因春节期间日方里小区 1 ~ 18 门污水外溢情况严重，影响了居民日常生活，居民委员会决定介入此事，彻底解决此问题。二五四社区黄主任带领居民委员会网格工作人员多次到小区入户查看情况，召开楼门栋长会议，并在日方里小区 1 ~ 18 门每个楼门栋内多次张贴通知，与鸿顺里房管站、华洋物业、河北排水部门、河北区环卫局取得联系并协调。

通过多次协调，河北排水部门最终决定出面协助居民委员会解决此事。鉴于排污工作必须马上开展的紧迫性，河北排水部门的工作人员立即参照小区排水管网结构图进行了细致的排查，找出了导致污水跑冒的根源：由于春节期间居民用水量增多，管网内污物淤积以及雨雪天气的影响，大量生活垃圾堵塞住了小区西侧排污井出口，所以才会出现污水跑冒的情况。在清理出大量的生活垃圾后，管道终于疏通，污水井也停止了跑冒。与此同时，外溢的污水也基本上清理完毕。截至 3 月中旬，在二五四社区居民委员会和施工人员的共同努力下，困扰小区居民一个多月的污水跑冒问题终于得到了解决。

五、总结评估

由社区居民委员会牵头，在楼栋志愿者、鸿顺里房管站、华洋物业、河北排水站、河北区环卫局等部门多方共同努力下，免费疏通污水井十余口。为彻底解决本小区污水井不再跑冒，居民委员会的工作人员又一一通知小区居民，把压在井上的杂物全部移开，将小区整个地下污水管道全部疏通，使日方里小区污水外溢的问题得到了彻底的解决，居民们恢复了正常的生活。社区工作者通过自己的努力和用心，为居民们创造了和谐优美的生活环境。

六、专业反思

现今，城市社区普遍采用地区发展模式建立小区，上述社区即是如此。地区发展模式对过程目标的要求较高，也就是强调居民自行管理完善小区事务，居民委员会在其中起到沟通和调解的作用。在小区内多处跑冒脏水的情况下，居民有自觉处理解决问题的表现，但是由于整合不同利益群体的手段不足、民主参与成本高而且效率低的情况，导致问题难以妥善处理。居民委员会作为中介者和协调者多次出面，才将跑水问题暂时解决，由此可以看出该小区还处于发展阶段，今后居民委员会应在促进居民之间的交流、团结邻里等方面做工作。

（作者单位：河北区鸿顺里街道二五四社区）

加强社区文化建设　活跃社区文化活动

马　萍

一、背景介绍

随着全国大规模的城市化建设步伐的加快，城市管理重心的逐步下移和市场经济体制改革的不断深入，越来越多的“单位人”转变为“社会人”。人们在社区学习、工作、休闲、娱乐，把大部分时间花在了社区，这对社区文化建设提出了新的要求，需要社区文化增添新的内涵和功能，不断满足广大社区居民的精神需求。

日远里社区由于受到地理位置、基础设施、群众基础等各方面的制约，居民文艺活动单调、社区文艺骨干水平有限，也得不到专业教师的指导和帮助，不能满足广大社区居民的精神文化要求。因此整合社区现有资源，努力营造条件让居民创造和享受文化，是社区需要解决的关键问题。

二、分析预估

社区地理位置较偏、基础设施较弱，居民文化活动内容单调。文艺团体较单一，数量、水平有限，长期得不到专业教师的指导，水平滞后。社区居民参与社区活动积极性不高。辖区单位缺乏与社区的共建联系，社区文化建设缺乏有效的管理组织。

三、服务计划

（一）服务目标

让居民足不出社区就能享受到公益性文化设施体系及公共服务带来的便利，把具有进步意义的特色的文化资源加以整合，产生更大的提升作用，从而使社区文化建设迈上一个新台阶。

（二）服务策略

发挥社区组织的协调、沟通作用，落实好各部门对社区文化发展的各项要求，及时了解居民对社区文化建设的需求，使各项政策更贴近现实、贴近居民，快速、有效地解决现实问题，满足居民需要。

（三）服务程序

1. 加强基础设施建设，创造良好的社区文化环境。
2. 开展“特色文化”活动，提升社区文化水平。
3. 将社区文化的软件和硬件相互结合，活跃社区文化。

四、服务计划实施过程

1. 一个良好的社区文化环境，是大多数居民生活中不可缺少的部分。在社区文化建设中，社区的设施阵地的建设和各类文化资源就是影响社区文化建设的两个重要因素，这两个重要因素也是顺利开展社区文化工作的前提和保证。

2. 让广场文化成为培育社区文化的一块沃土，让文体队伍成为社区文化的主力军，让学习文化成为推动和谐社区文明进程的主阵地，让邻里特色文化步入社区文化的主导行列。

3. 社区文化的发展是一个系统工程，涉及软件、硬件各方面的内容。只有把社区文化的各个组成部分结合起来考虑，才能统筹兼顾社区文化的发展。

五、总结评估

发展先进社区文化，不仅要大力发展各类有益身心健康的大众化文化，潜移默化地影响社区成员健康文明的生活，培养其高尚的思想情操和道德伦理，还要加强培育发展集思想性与艺术性、知识性与趣味性、教育性与娱乐性等为一体的社区文化，吸收更多的艺术精英到社区落户。发展特色文化，更是要发展不同层次、不同特色的文化，为不同的文化提供相应的表达场所、表达方式，促进社区文化的融洽和创新。注重对居民的人文精神的培养，在社区形成一种健康文化环境、和谐的文化氛围、平和的文化心态，从而增强社区的凝聚力和亲和力。

六、专业反思

使活跃的社区文化活动不断升温，用更加贴近居民、贴近实际、贴近生活的活动来吸引居民参与，在参与中慢慢地培养他们对社区的感情。

充分发挥各类社区教育阵地的思想教育作用，让居民意识到社区家园对个人生活和自身完善拥有多大的意义，从而自觉地走出家门去积极参与。

（作者单位：河北区鸿顺里街道日远里社区）

附件：

工作记录

一、健全基础设施建设，提供硬件保证

1. 完善社区活动室。加大对社区文化阵地建设的投入，添置适合老年人锻炼的健身器材、活动设施，提高活动室的活动功能，丰富居民的文化体育生活。

2. 落实社区公益性活动场地。社区的小广场、公益性活动场地是社区居民开展文化活动的重要场所。要不断改造完善原有老小区、住宅区的空闲场地，扩展公益性活动空间。

3. 拓展社区文化活动空间。为弥补社区活动场所有限、活动设施短缺的缺陷，充分发挥“共驻共建、资源共享”的共建优势，与社区单位共用运动场、活动室、职工之家等文化体育设施场所，用于社区开展群众文化活动。

二、开展社区特色文化建设

1. 在社区文化建设中，社区的各类文化人才资源是各社区文化建设的宝贵财富和主要力量。为了保证社区文化的广泛性、普及性，社区要注重强化社区文化骨干对社区群众文化建设的业务指导作用。逐渐吸纳社区内热爱体育事业、长期从事社区居民健身活动组织的民间团队的队长、教练组成文化骨干队伍，并选有文化工作经验或有文艺专长的有能力、有精力、愿意参与社区文化活动的居民加入这支队伍，特别是一些离退休老同志，让他们继续“上岗”，发挥作用，奉献余热。并与文化馆相结合，文化馆老师给予社区文化团体专业指导。

2. 社区内的广场、健身点及公众广场是居民室外活动的集中场所。良好的广场文化，不仅直接为居民所接受参与，更能吸引居民自发性地参与社区文化活动，提高居民的愉悦程度，增强居民对于社区的认知度和归属感。利用双休日和节庆长假，结合不同季节，组织开展丰富多彩的群众性

文体活动，不断推广普及全民健身运动，让居民能唱的唱起来、能跳的跳起来、能动的动起来，小区里每当夜幕降临或旭日初升时，都能够随处可见跳舞、唱歌、练拳、舞剑、健身的，让健康向上的文化活动成为居民生活中不可或缺的“文化聚餐”。

3. 随着社区文化活动的蓬勃开展，居民的文化需求水平也在逐步提高。一种能及时反映人与人之间的人性交往的文化需求正逐步走入社区文化的主导行列，那就是以促进与家人之间、与邻里之间、与小区这个大家族之间的感情文化——邻里文化。培育社区居民“友善亲和、关爱互助、和睦相处、文明和谐”的意识，形成以邻里文化建设为主线的文化活动平台。改善了邻里关系，又增进了大家的理解和沟通，增强了大家参与社区建设的热情和积极性。

三、社区文化相互结合，统筹社区文化发展

1. 软件建设与硬件建设相结合。软件可充分体现人们丰富而深刻的精神文化内涵，硬件如图书室、活动室、广场及其内部的各种相应的设施等物质性内容。社区文化建设必须软件、硬件同时抓好，而且要相互协调、统一。

2. 整体规划与主体发展相结合。整体规划就是要在总体上对社区文化设施和文化活动有一个整体的安排。两者是共性和个性的关系，要坚持“两手抓、两手硬”的原则，促进相互协调发展。要适时引进专业文化、艺术团体来社区开展交流与演出，支持并推动高雅文化的发展，做到雅俗共赏，普及与提高相结合。

3. 创造文化与享受文化相结合。充分尊重并努力营造条件实现居民应有的创造和享受文化的权利，最大限度地发挥广大业余文艺爱好者的作用，始终不懈地为他们创造良好的创作空间和条件，鼓励他们创作出更多、更好的弘扬主旋律、体现时代精神，为广大居民喜闻乐见的文艺精品，实现、发展好居民享受文化的权利，组织开展各种戏曲、歌舞、民乐、书画、讲座等几十场活动，为社区居民传递积极的生活态度和正能量。

从源头抓起治理小区乱设摊位

河北区建昌街道桥园里社区

一、背景介绍

桥园里社区贵桥里小区门口一条不到 3 米宽的小道上，小贩们摆满了各种各样的摊位，有面条馄饨摊、水果摊、小杂货摊、煎饼摊、馒头摊、蔬菜摊，还有自编自销的手工艺品摊等。每天清晨天刚蒙蒙亮时，这些摊主们就开始忙于做生意前的准备工作，抢地盘、生炉子、摆桌凳，有时摊主们还为争抢摊位发生争吵。小小一条道，塑料袋、餐巾纸等垃圾道路两侧遍地“开花”。油烟搞得周边乌烟瘴气，污水四处横流。到了晚上，整个路面更是肮脏不堪，行人难以下脚。

二、分析预估

这种状况导致小区居民意见很大，反映情况的来信一封接一封。居民委员会向街道城管反映，城管科的同志与居民委员会一起到实地查看，然后联系协调有关执法部门组织力量进行拆违章、赶摊位、没收物品。但刚过两天，这些摊主又会出现在原处，反反复复，周边环境仍不见好转，老百姓怨声载道，部分小区的居民以此为借口不愿意交卫生费，还讲政府搞形式主义。

居民委员会是采取什么办法解决乱设摊的，又是如何彻底解决小区门口这一“脏、乱、差”的问题呢？

三、服务计划

解决小区“脏、乱、差”，方便居民出行。先对其中几个主要摊位的摊主基本情况进行摸排。针对这些摊主生活、家庭情况作详细了解。他们中有无业人员、下岗人员、协保人员，还有伤残人员，都属于困难群体，首先解决他们的基本生活问题，使其收入相对稳定。

四、服务计划实施过程

社区党委书记带领居民委员会工作人员走访有关单位，一起沟通协商，想方设法为这些人安排工作。生活问题解决了，收入稳定了，这几个主要摊位拆除了，其他一些外来摊主的工作就好做多了，居民委员会积极配合城管和卫生、工商、派出所等部门一起，加大管理力度，使小区的面貌焕然一新。

五、总结评估

社区党委一方面注重治本，另一方面在工作方法上讲求策略与技巧。这是其成功之处。

六、专业反思

在注重治本方面，对摊主的情况做到心中有数。真心实意地为他们解除后顾之忧，为这些人找到工作，生活逐渐稳定，使他们放弃摆摊经营。在工作方法方面，分类对待，对症下药。

（作者单位：河北区建昌道街道桥园里社区）

“温馨寒冬 情满三和”包饺子活动

三和社区

一、背景介绍

新年就要来到了，过年吃饺子是中国的传统，过年对于大家来说，是一件非常喜庆、非常高兴的事。为了让独居和孤寡老人感受到社区像家一般的温暖，三和社区居民委员会特地开展了此次活动。

二、分析预估

1. 需要材料：花生油、香油、盐、酱油、五香粉，醋、蒜若干，葱1捆、白菜8棵、猪肉15斤、饺子皮（800个）、饺子粉、一次性桌布、一次性饭盒50个、一次性筷子、盆、锅、绞馅机、菜板、笊篱、擀面杖、电磁炉。

2. 人力分配：此次活动预计参加人数50人（包括居民委员会工作人员和社区志愿者）。人员较多，统筹做好人力资源分配包括具体包饺子人员、维持秩序人员以及拍照挂条幅布置活动现场等宣传人员。

3. 时间统筹：此次活动计划包饺子数量较多，合理分配活动各个环节所需时间，保证活动按计划顺利进行。

4. 经费预算：材料费500元，工具费100元。

三、服务计划

（一）服务目标

1. 通过举办“温馨寒冬，情满三和”包饺子活动，让独居和孤寡老人感受到节日的温暖，并借此活动弘扬我国的传统饮食文化——包饺子。

2. 借此机会，增进同事之间及社区居民委员会和社区党员之间的友谊，增强凝聚力，培养同事们的团体协作精神，同时，通过给孤寡老人、空巢老人、残疾家庭等送饺子，关注社区困难群体，拉近居民委员会与百姓之间的距离，切实做到情为民所系。

（二）服务策略

服务是一种特殊的无形活动，目的在于向它所服务的对象提供所需的满足感。开展此次活动目的在于让独居和孤寡老人感受到社区像家一般的温暖，为保证活动效果应采取相应策略。

1. 时间控制。此次活动具有明显的节日特点，应统筹安排整个活动，确保独居和孤寡老人按计划享受服务。

2. 服务标准。此次活动服务对象广，人员较多，应制订统一的服务标准。

3. 亲和性。服务过程必须具有亲和力。居民委员会人员的仪态仪表要端庄，精神要热情饱满，态度要和蔼可亲，让独居和孤寡老人真心感受到社会大家庭的温暖。

4. 组织性。此次活动参与人员较多，除了居民委员会工作人员外还有志愿者和小朋友，应成立专门的临时组织管理小组确保活动安全有序开展。

（三）服务程序

1. 确定服务人群：提前拜访社区孤寡老人或者打电话的方式通知他们今天包饺子送温暖的活动，让他们耐心等待饺子的到来，同时，要对是否有回民等特殊情况进行统计。

2. 包饺子：包饺子的每个环节分配适量的专职人员，包括和面 3 人，切菜搅馅 4 人，擀皮 8 人，包饺子 10 人，煮饺子 4 人。大家分工合作各尽其职，活动现场欢声笑语，大家忙而不乱。

3. 送饺子：分组进行，每组包括两名居民委员会工作人员和三名儿童，组建成一个“家”的小团队，团队亲手送上热气腾腾的饺子，更能让独居和孤寡老人感受到社区家一般的温暖和关爱。

四、服务计划实施过程

1. 工作人员先将白菜和大葱清洗出来，简单切碎，绞馅。

2. 调馅，将白菜馅与肉馅及大葱一起调配好，和面为包饺子做好准备。

3. 早上 8：50 ~ 9：00 签到。

4. 接待来访有问题的居民。

5. 主持人讲话，欢迎各位志愿者来参加这次有意义的活动。

6. 事先准备洗手液供擀皮和包饺子人员洗手。

7. 开始擀皮和包饺子。

8. 小朋友尝试制作，协助小朋友，帮助小朋友实现自己能吃到亲手包的饺子的愿望，在活动中感受包饺子的乐趣。

9. 饺子包好后，参观彼此的作品。

10. 到楼下卖早点铺借 40 个碗。

11. 将包好的饺子用电磁炉煮熟。

12. 装盒，社区工作者负责先将煮好的饺子送到社区独居、空巢老人手里，并拍照留念。

13. 煮熟的饺子端给志愿者和小朋友，让他们品尝劳动的喜悦。

五、总结评估

此活动增进了三和社区居民委员会和志愿者之间的友谊，为形成社区凝聚力搭建了桥梁，又使大家心情愉悦，大家都踊跃地亲手实践，和面的和面，擀皮的擀皮，拌馅的拌馅，包饺子的包饺子，放饺子的更是把饺子放得错落有致，场面很是精彩。大家围绕学习、生活、工作等话题不时交谈着。终于在大家的不懈努力下，一碗碗热气腾腾的饺子在大家的期待中被端上了餐桌，大家第一时间将煮熟的饺子送到了老人手里，让他们在第一时间吃上了热腾腾的饺子，吃着居民委员会送上的饺子，老人激动得流下了眼泪。志愿者和孩子们吃着自己包的饺子，心情也很激动。本次活动主要由三和社区居民委员会策划、操办，举办比较成功，很令人欣慰。活动场面气氛比较活跃，选手各自充分发挥自己的实力，使我们的活动顺利举行。总的来说，本次活动得到了社区居民肯定，拉近了与居民的距离，增进了彼此的感情，同时使班子成员更加团结，同时，此次活动于2016年2月11日（正月初四）刊登在了《天津日报》的头版。《中老年时报》也报道了此次活动。

六、专业反思

在这次包饺子活动中，最感到欣慰的是孩子们学会了包饺子，虽然个别人没有学会，但是他们也很努力了，活动过程大于结果。社区部分孤老户、空巢老人、残疾家庭感受到了“三和之家”的温暖，拉近了居民委员会和居民之间的距离。而且本次活动采取了分工合作的方式，大家充分体会到合作的乐趣。通过此次活动，大家的思维活跃了，视野开阔了。

今后我们可以多举办类似的活动。比如在端午、中秋等传统中国节日和老人节等特定节日组织多种形式的社区活动。

活动形式多样化，可以组织志愿者亲手做一份小礼物送给特定的人群，体现社区温暖，感受爱与被爱。

进一步做好志愿者工作，这也是本次活动的一点小遗憾。此次活动志愿者报名踊跃，一些志愿者没能如愿参加本次活动。

（作者单位：河北区建昌道街道三和社区）

清理楼道陈年堆物
还居民良好居住环境

育红里社区

一、背景介绍

长青北里小区是一个老旧小区，物品乱堆乱放使得楼道的公共空间更为狭窄。在 2014 年进行旧楼区改造后，小区的整体环境改善了，但是 17 门 5 楼、6 楼间堆积的陈旧物品及垃圾却迟迟无人清理。味道刺鼻，且有火灾隐患，周围住户情绪不满，多次上访要求解决，担心存在火灾隐患。

二、分析预估

居民委员会工作人员首先安抚楼内居民的情绪，找到堆放物品的主人，询问其是否可以及时处理这些堆物，并且将垃圾清理掉，还大家一个安全的环境；其次要联系物业公司以及街道物业办、综合执法多部门联动，清理整顿。

三、服务计划

（一）服务目标

清理楼内陈年堆物，还居民良好居住环境。

（二）服务策略

1. 居民委员会工作人员要到楼内做好居民的安抚工作，缓和上访情绪。

2. 入户走访，确定陈年堆物的主人。

3. 在确定物品主人后，入户规劝户主清理物品及垃圾。

4. 在不明确物品归属的情况下，居民委员会工作人员在堆物上方显要位置张贴清整告知书，提示其如不按时清理视为无主物品清理。

5. 联合物业公司及街道物业办和综合执法共同进行清理整顿。

（三）服务程序

1. 入户走访，确认堆物为 6 楼一家住户。

2. 居民委员会与物主联系。

3. 在堆物上方张贴清整告知书。

4. 清理整顿。

四、服务计划实施过程

经过居民委员会入户走访，一方面安抚了上访群众的情绪，另一方面确定了乱堆乱放物品的主人为 6 楼一户住户，此人精神有问题，居民委员会工作人员多次敲门都未能与他见面，为了尽快清理垃圾，居民委员会工作人员在堆放的物品上方张贴了清整通知，告知其尽快与居民委员会或者物业公司联系，清理乱堆乱放物品，如果超期不清理，我们将视为无主物品进行清理。在告知书张贴 15 日后，并没有人与居民委员会联系。

居民委员会连同物业及街道物业办、综合执法联合对这些堆物及垃圾进行了清理，楼内居民拍手称赞，称多年的安全隐患终于去除了。清理中居民委员会工作人员一直没有放弃与物主联系，但一直未能见到其人。

清理后的第二天，居民委员会接待了一位自称是 17 门 6 楼堆物及垃圾的主人，精神有些异样，语无伦次，称如果不把清理的垃圾拉回来，他就住到居民委员会，并且就地躺下。经多方劝阻与其沟通，发现其是精神病患者，租住在 17 门 6 楼的，平常不与人沟通，居民委员会工作人员耐心劝解，告知其如果以后有不想要的物品，可以帮忙联系收废品的上门清理，既可以卖钱也可以清理环境。经过安抚，他慢慢地平静下来，我们随即联系了他的家人，将其领回了家。

五、总结评估

此次集中清理，在速度和力度上都达到了居民的满意，使得多年困扰居民的问题得到了彻底解决。

六、专业反思

反思这次的清理活动，其实很多问题是可以避免的，比如当事人清理前后的对比，清理前的不出现以及清理后的情绪问题，我们完全可以通过更多的渠道取得与其的联系，对于堆放的物品，我们完全可以在日常工作中消化掉而不是成为陈年的堆物。但是值得肯定的是，这次的彻底清理还了居民一个安全、卫生的生活环境。

（作者单位：河北区建昌道街道育红里社区）

趣味运动庆“三八”节社区女性减压力

曹　青

一、背景介绍

通过社会工作者入户走访和平日的社区工作，社区工作人员发现通达新苑社区内的女性居民比较多，平日里这些女性志愿者们为社区建设和社区志愿服务活动等方面默默地贡献着自己的力量，对社区的贡献不容小视。在国际劳动妇女节即将来临之际，社区希望让社区内的广大妇女们释放工作、生活中的压力，轻松快乐地度过这个专属于妇女的节日。

二、分析预估

生活中女性扮演着多重角色，面临着来自工作、家庭、社会多方压力，要设计一个能让社区内女性居民们释放压力并广泛参与的活动，举办趣味运动会，既能够让妇女们在游戏中释放压力收获欢声笑语，还能够增进社区居民之间的沟通和联系，促进居民之间的感情。

考虑到天气状况比较多变，运动会选择室内举办；在室内举办还要考虑到活动室的空间局限。通过事先摸底，了解到参加这次活动的中老年女性比较多，在设置游戏环节时，要尽量选择一些安全的游戏项目。

三、服务计划

（一）服务目标

让社区内女性居民们能快乐地参与游戏之中，让居民们之间通过游戏增加沟通交流，增进邻里感情，同时也通过这个活动让居民们增加对居民委员会工作人员的了解，利于以后开展工作。

（二）服务策略

1. 确定游戏环节。
2. 准备好游戏需要用的道具。
3. 通知社区内女性居民。
4. 根据通知反馈情况估算出参与人数。
5. 准备好运动会的奖品。

（三）服务程序

1. 精心设计合适的游戏环节。
2. 通知社区内女性居民趣味运动会的时间、地点，根据居民们的反馈情况估算出参与的人数。
3. 提前准备好运动会需要的大概数量奖品。
4. 趣味运动会举办当天，做好主持、引导工作。
5. 每个游戏环节结束后，维持好颁奖秩序。

四、服务计划实施过程

1. 计划在 3 月 8 日国际劳动妇女节即将来临之际，为社区内广大女性居民们举办一场趣味运动会。
2. 在运动会之前，设计好游戏环节，准备好游戏中需要用到的道具。
3. 通知社区内女性居民，估算出大概需要的奖品数量，提前准备好，设置好颁奖环节。

4. 运动会当天，做好主持工作，在游戏环节引导大家了解游戏玩法和比赛规则，维持现场秩序，使运动会得以圆满举行。

五、总结评估

通达新苑社区庆“三八”节趣味运动会圆满完成，这次活动现场气氛热烈，大家非常踊跃参与各个游戏，现场欢声笑语不断。活动结束后，大家意犹未尽，希望以后多举办此类活动。这次活动让社区内女性居民共同欢度属于女性的节日，并且增加了居民之间相互交流了解的机会，增进了居民之间的友谊。

六、专业反思

通过组织策划活动，了解了举办活动的基本流程，以及通过大家对各个游戏环节的反馈，知道大家比较喜欢哪个游戏环节，为以后社区举办活动积累了相关经验。这次活动促进了居民之间的沟通交流，有利于社区的稳定、和谐。

（作者单位：河北区江都路街道通达新苑社区）

拆地锁改造绿地　还居民良好居住环境

李艳华

一、背景介绍

珍园里小区现有居民712户，人口2026人，是20世纪80年代的老旧小区。2012年小区率先进行了旧楼区改造，改造后的小区楼道窗明几净，小区环境干净整洁，但随着居民生活水平的逐步提高，小区居民拥有的私家车越来越多，有车族大量增加，造成小区消防通道、人行道被汽车挤占，居民出入小区存在安全隐患，停车难更成为小区的突出问题。因小区周边环境及市场进行集中整顿和治理，对乱停车辆、摆摊设点等行为公安部门进行摄录、罚款，小区附近写字楼上班的人员大量为有车一族，大摇大摆地往小区里停放，小区门卫值班人员不管不问，各种车辆随意出入停放，2013年年底，有少数的居民为了方便自己停车私自安装了地锁，有车也装无车也装，居民晚上出入存在不安全隐患，并发生多起居民被地锁绊倒事件。居民委员会几次出面劝阻私自安装地锁的居民，但他们根本不听，"不装地锁，车更没有地方停了"，居民对此怨声载道。在短短十余天的时间小区就出现了200多个地锁，因地锁泛滥造成了居民的强烈不满，有打政府热线的、到报社反映的、天天到居民委员会吵闹的，一时间居民委员会成了众矢之的。如何解决地锁泛滥问题，是社区居民委员会急需解决的首要问题。

二、分析预估

1. 有车族大量增加，停车难成为小区的突出问题。

2. 消防通道、人行道被汽车挤占，存在安全隐患。

3. 小区停车位不足，造成物业对车辆管理无能为力。

4. 小区没有业主委员会，物业服务不到位，业主却无法进行监督，成立业主委员会是当务之急。

5. 物业管理服务不到位，造成居民意见纷纷。

6. 单纯拆除地锁并不能从根本上解决问题，需要制订统一可行的规划。

三、服务计划

（一）服务目标

成立业主委员会，使民意能够得到有效的代言，彻底拆除地锁，监督物业公司对小区停车进行规范管理。

（二）服务策略

本着循序渐进的工作策略，先易后难、轻重缓急，按照程序依次进行。

（三）服务程序

针对小区的现状，成立业主委员会筹备组，按程序成立业主委员会、征求民意、争取相关部门的支持、制订规划方案、规范停车管理。

四、服务计划实施过程

（一）成立业主委员会筹备组

居民委员会工作人员出面劝阻社区居民不要安装地锁，但居民根本不听。面对这种情况，居民委员会对小区存在的突出矛盾和问题，多次召开社区党员和楼栋长会议，让大家一起参与进来共同解决地锁泛滥问题以及小区停车难问题。征求大家的意见和建议，居民委员会牵头成立了由楼栋长、党员、居民委员会成员9人组成的业主委员会筹备小组。

（二）成立业主委员会

由居民委员会主任亲自主持，召开居民代表、楼栋长和有车一族家庭代表共计50余人参加的议事会，让居民充分发表意见和建议，推荐业主委员会候选人，按照民主和集中的原则，最后推荐选出了7名业主委员会候选人。筹备组成员和居民委员会全体工作人员，亲自入户将推荐候选人的选票送达每户，经过居民投票选出了由主任1名、委员4名，5人组成了小区业主委员会。

（三）居民委员会搭建平台

让业主委员会和物业进行沟通，将问题摆在桌面上，将各自的权利和义务明确化，业主委员会成员实行分片管理，各负其责，出现问题一起研究，拿出解决方案。针对地锁问题，居民委员会同业主委员会一起研究，对于居民是否同意拆地锁等问题，在社区张贴通告并逐户进行摸底调查。不少居民对居民委员会拆地锁的做法拍手叫好："道路是公共的，不能因为私利而侵占，大家公平竞争车位，先到先停。"但是也有一些车主发愁："没有地锁，小区又没有统一规划停车位，这样会给晚上停车造成一定的难度。"居民态度不一，居民委员会、业主委员会和物业一起认真分析查找原因，拆地锁解决不了停车难问题，关键是小区容纳车辆位置少的问题。

（四）争取相关部门的支持

针对调查的情况，居民委员会会同业主委员会研究起草了如何解决小区停车难问题报告，将部分荒废绿地改造成停车位，以缓解小区车位紧张的问题，由居民委员会起草，业主委员会提议退出部分绿地改建停车位，向园林部门进行申请，为拆地锁后期规划管理工作做准备，希望各有关部门尽快协调解决。

（五）采取措施拆地锁

居民委员会在社区内张贴通告，请业主在3天之内自行将地锁拆除，凡影响施工的一律自行清理，如逾期未清理的将联合有关部门按无主处理强制拆除，拆除的物品不再归还个人。居民委员会工作人员首先与安装地锁的居民沟通，要求将地锁拆除。2014 年 5 月 5 日，居民委员会联合物业办、综合执法、物业、业主委员会、派出所等相关部门对小区 200 余个地锁进行拆除。并协助物业用 3 天时间对小区车辆进行全面登记，同时居民委员会和业主委员会督促物业为每位车主办理停车卡，并加强门卫的管理，设立进入车辆门杆，杜绝外来车辆随意进入本小区，居民委员会、业主委员会不定期对小区进行巡查。

（六）退绿地扩充停车位

由于小区属于老旧小区，小区内真正的绿地已经不多，少部分居民占用绿地堆杂物，大多数绿地成了居民自行种植的自留地，有圈起来种菜的、有种花的、有栽果树的等。居民委员会在社区开始张贴通知退出部分绿地建绿荫泊车位征求广大居民意见，退绿地有车居民拍手赞成，占用绿地的以及无车的居民坚决反对。居民委员会每天又成了部分反对居民的情绪宣泄点，居民委员会和业主委员会一起研究解决方案，另外询问园林部门退绿地建停车位方案能否通过审批。居民委员会发挥党员及楼栋长的作用，耐心做居民的思想工作，每两个车位就栽种一棵法国梧桐树，退出部分绿地不影响小区整体绿化环境。居民委员会工作人员、业主委员会成员、党员骨干及楼栋长 20 余人，经过十多天加班加点工作，终于做通了部分圈占绿地居民的思想工作，清理了私占绿地的杂物以及个人私自种植的植物，申报园林部门退绿地建停车位方案也通过了审批，施工队顺利进驻进行施工作业。

（七）规范停车管理

经过将近一个月的施工，2014 年 7 月建起了 126 个固定停车位和 20 多个临时停车位，满足了目前小区居民有车族的停车需求，由物业公司管理小区停车。物业公司管理停车要涉及招用员工、设立电动门杆、安装监控设施等都将面临费用支出，旧楼区改造的小区物业收费按户收取每户每季度 40 元，要想规范小区停车管理，停车就要收取停车管理费，用于物业投资的费用，余下的用于社区建设。为此，居民委员会和业主委员会同步下发了社区停车规范化管理的调查问卷，对是否同意停车收费、收费多少等问题征求民意，并召开了居民听证会，从问卷和听证会情况看，居民对收费的意见不一，大多数居民表示认可，社区多次召开了居民和车主听证会。在程序公开透明的情况下，根据大家意见形成了方案，固定车位和临时车位按不同的价格由物业公司收取，对车辆进行规范管理，物业公司每季度向居民公示停车管理费的使用情况。

五、总结评估

1. 有了业主委员会，有效缓解了居民和物业之间的矛盾。
2. 有了相关部门的支持，为后续工作打下了基础。
3. 有了物业的规范管理，提升了居民生活环境质量。

如今的小区居民再也没有因无处停车而发生矛盾纠纷，彻底解决了小区停车难问题，物业公司在街道物业科、居民委员会、业主委员会的监督下，加强门卫及车辆设置标识管理，杜绝外部车辆随意进入本小区。如今的小区环境优美，治安良好，生活便利，人际关系和谐。

六、专业反思

通过这个案例，我们发现在社区工作过程中，找准切入点至关重要。要找到这个切入点，就要首先了解和掌握该社区的现实状况，特别是对居民提出的各种诉求要耐心听取、征求大多数居民的意见、群策群力，还要争取相关部门的支持，这样才能有的放矢地开展工作。

另外，在工作中我们还发现，不仅需要得到上级政府及有关部门领导的支持，还要不断提高自身的综合素质和专业能力，掌握并运用好各种法律法规，充分利用社区平台整合社会资源，群策群力，发挥社区党员和志愿者的作用，才能打造环境优美、治安良好、生活便利、人际关系和谐的美丽社区。

（作者单位：河北区宁园街道珍园里社区）

社区改造　温暖人心

爱贤里社区

一、背景介绍

四化楼建造于20世纪80年代，属老旧小区，被列入2015年旧楼区改造计划中，2014年曾粉刷楼内外墙体、更换下水管，得到居民的认可。但与此同时，居民反映四化楼年代已久，墙体无保温材料，门窗老旧不闭风。直至2015年4月也未更换门窗。居民找到铁东路街道办事处，希望能协调此事。旧楼区改造指挥部答复：更换门窗、加涂保温材料不在旧楼区改造范围内，对此解释居民并不认同，反映强烈，并上访，希望居民委员会帮助协调此事。

二、分析预估

1. 居民反应强烈，并上访。因此，稳定居民情绪至关重要。
2. 协调多方关系，解决居民实际困难。

三、服务计划

1. 安抚居民情绪。
2. 联系多个部门解决居民更换门窗的需求。

四、服务计划实施过程

1. 居民委员会第一时间安抚居民情绪。对有上访情绪的居民进行解释，告知居民，居民委员会和街道办事处将尽快协调解决此事。

2. 上报街道办事处城管科。

3. 街道办事处多次联合区房管局、旧楼区指挥部等部门召开联席座谈会，各部门多次到现场进行考察。听取居民心声，提出改造方案。

4. 居民实际诉求得以解决。经过多部门的协商，旧楼区对四化楼的门窗进行了更换，施工中，居民委员会工作人员牺牲休息时间，加班加点，冒着酷暑守在施工现场，随时解决突发问题，经过一个多月的忙碌工作，更换门窗工作顺利完成。

五、总结评估

及时安抚上访居民情绪，解决了居民上访问题。同时通过街道领导、居民委员会工作人员及相关部门的共同协调努力，更换门窗、加涂保温材料，最终满足了居民实际诉求。

（作者单位：河北区铁东路街道爱贤里社区）

平整小区路面　保障平安出行

王　妍

一、背景介绍

繁华里社区位于城乡结合部，辖区内某小区地面经路过的车辆碾压后坑洼不平，有高有低，同时大部分小区居民年龄偏大，在这种地面上行走经常磕磕绊绊，提心吊胆。再加上小区内部有两处经营小摊贩，使本就不平的小区地面雪上加霜。

二、分析预估

1. 小区地面凹凸不平，除车辆碾压外是否还有别的原因造成？

2. 小区地面凹凸不平的情况，土地管理单位是否知晓，如果已经知道为何迟迟未修复？

3. 小区内部的两处小摊贩是否规范管理？

三、服务计划

社区工作者在对此小区的问题和需要进行资料收集工作后，对此小区的问题进行分析，然后针对此小区的问题制定出服务目标以及服务程序。

（一）服务目标

1. 针对小区地面凹凸不平的现状，查出是因何原因造成的，是否是因为小区的车辆过多碾压造成，查清原因，对症下药加以解决。

2. 针对小区的地面的管理问题，应该归属哪个企业管理，是归属房屋的单位管理，还是归属政府部门直管，查实后，立即联系管理单位，协调如何修复。

3. 针对小区内部的小摊贩，调查其是否规范管理，是否有营业执照，是否有上级主管部门管理。如任何证件没有是否可以联系相关部门查验，严重者是否需要取缔；如摊贩证件齐全，就加强管理规范。

（二）服务程序

针对小区的情况，首先查找到事情原因，然后找到小区地面的主管单位，经与主管单位协商后，争取在居民利益损失最小的情况下完成。

四、服务计划实施过程

社区工作者在工作中，首先就是找到地面凹凸不平的原因。经过了一段时间的走访，以及入户调查得知，此小区的路面原是在雨季到来前夕，自来水公司改造多年未换的自来水管道造成的，此次工程经过了一段时间，正好赶上了雨季来临，加上施工方仅仅更换管道后将地面铺平，并未铺上沥青，致使此小区的地面坑坑洼洼。此后，此路段又有不少的私家车辗压，使本就脆弱的路面雪上加霜，加上地面的水土流失特别快，故此造成了现在的样子。

找到此路段的形成原因后，社区工作者不断找寻此路段的管理单位。在找寻的过程中，步步艰难，层层剥茧，最终找到了此小区地面的管理单位，既不是企业，也不是单位，而是某区的政府部门。随后，积极与此管理部门协商，制订整修的计划，安排施工人员，预定施工时间，经过不断地协商，最终定下时间修复路面。

路面修复后，结合有关部门专项治理此小区内部的两个小摊贩，加强对小摊贩的管理、监督，并对小区内部的卫生加强管理，争取做到垃圾桶边无漂浮物，道路边无杂物，形成“垃圾天天清，卫生天天好”的局面。

五、总结评估

此次服务基本达到预期目标。随着此事的解决，不仅对小区的居民进行了帮助，加强了小区居民出行的方便，也营造了小区良好的生活环境。从服务效果来看，促进了社区的和谐，也最终利于社区、社会和谐发展。

六、专业反思

（一）社会工作者在介入过程中，首先是通过与服务对象的面谈，了解服务对象的基本情况，需求、诉求、问题所在等。需要注意的是，这种谈话是有介入的，介入是有目的的，而不是无目的地聊天。

（二）在本案例中，社会工作者的价值体现在多重角色结合和不同资源的整合，如在管理层面上的领导者角色，在找寻修整计划上的资讯提供者角色，更重要的是我们在整个服务过程中的推动者角色。以及整合不同层面的资源，如我们自身的网络、工作站、社工组织等，并从专业角度上评估服务对象的目前需求等。

（三）理论与实际的结合。虽然说在社会工作学习的过程中，我们强调社会工作者一种特有的价值观，比如平等、自愿，尊重个体等，但在实际生活和工作实践中，一定要主动介入，主动出击，这样才可以对事情的原由，方法，计划制订，如果仅凭平等自愿等理论原则的宣传，很难取得实际的成功。

（作者单位：河北区铁东路街道繁华里社区）

重阳节爱老敬老活动

郑 楠

一、背景介绍

农历九月初九是重阳节，重阳节又被称为“老人节”，尊老、敬老是中华民族的传统美德，所以结合重阳节开展关于“尊老、敬老”为目的的主题活动是非常必要的。重阳节带给我们的不仅仅是登高、赏菊、吃重阳糕，而是一种信息：老年人更需要爱、需要健康、快乐。他们需要的也许并不是你的钱物，不是礼物，而是你一声深情的问候……营造一个爱老敬老养老助老的氛围，需要全社会的参与，艳泉里社区组织社区老年居民、社会各阶层的老同志，开展以“九九重阳节联欢活动”，激发社区居民敬老爱老，热爱家乡促发展的热情。

二、分析预估

拟定邀请社区内60岁以上身体健康，且行动方便的老年人参加本次活动，参加活动的人数预估为60人左右。活动时间预计在两个小时左右。考虑到部分老年居民有午睡习惯，活动时间暂时定为下午3点开始，预计5点结束。

三、服务计划

（一）服务目标

1. 使广大社区居民了解重阳节这一中国重要传统节日的来历及习[illegible]而且更懂得尊老敬老的重要意义。

2. 培养社区居民敬重老年人、关心老年人的良好[illegible]尊老爱幼的传统美德。

（二）服务策略

通过组织社区老年人欣赏歌咏表演、书法表演和有奖互动小游戏的方式，为社区老年人欢度重阳节。

（三）服务程序

1. 秀夕阳合唱团现场演唱歌曲。

2. 书法家现场书法表演。

3. 现场互动小游戏。

四、服务计划实施过程

1. 拟定活动日期，并筛选能参加活动的居民，分别采用上门走访或电话通知的形式，征询居民意见，确定可参加人员名单。

2. 根据活动日期确定场地使用时间，提前进入场地了解，根据场地地形设计会场，确定安全通道。

3. 联系合唱团并邀请合唱团演员参加活动，确定演出节目单和演员名单。

4. 联系书法家确定活动时间和活动需求。

5. 确定互动游戏及游戏规则，并根据参加居民的身体、年龄条件避免剧烈运动或会引起老年人不适的活动，确定游戏环节分别为：你说我猜、有奖套圈、猜谜语、投掷乒乓球。

6. 根据互动游戏及经费预算确定需要购买的游戏奖品。
7. 经批准后购买游戏奖品。
8. 根据游戏项目确定现场服务人员，服务人员须明确了解游戏规则。

五、总结评估

此次活动使在场的每位老年人能心情舒畅、快乐地度过一个温馨祥和的节日。社区作为一个平台，极大地丰富了老年人的生活，促进老年人与社会和人的交流，和老年人零距离接触，从而了解老年人的生活。进一步弘扬中华民族传统美德，展现社区居民尊老敬老的精神风貌，进一步营造敬老、爱老的社区风尚。同时，号召社区居民要从自身做起，从身边做起，学会关心老年人身体健康，关注老年人心理健康，从小树立尊老、爱老、敬老的意识；而且也极大地丰富了老年人们生活。社区志愿者、文艺团队、社区干部团结协作，得到了广大老年朋友的认可。

六、专业反思

此次活动虽然圆满结束，但是在一些细节方面仍存在欠缺，主要体现为：未考虑到合唱团演出需要的专业器材，包括音响、麦克等；互动游戏环节秩序混乱，事先未能让每位参加活动的居民了解清楚游戏规则；游戏奖品兑换秩序混乱，应加派服务人员。

（作者单位：河北区王串场街道艳泉里社区）

爱灌老人　情沐社区

张　萌

一、背景介绍

社区老年人教育是指围绕社区周边的退休老人，依托社区社团组织，举办不同类型的培训教育活动，以此来提高老年人的幸福指数，提升老年人素养，丰富日常生活，改善生活品质。

老年教育是人口老龄化社会背景下，提高老年人口生活质量，促进社会持续发展的重要应对战略。社区老年教育契合中国老年人口特点和教育需求，具有便利性和可及性，能够有效保障老年人口受教育权利，改善老年人生存发展现状。

在党和政府的领导下，动员社区力量，利用社区资源，强化社区教育功能。坚持“以人为本、服务社区老年人、构建和谐社区”的指导思想，以社区老年人的基本情况和各类需求为出发点，建立社区、社会组织共同参与的社区老年人教育项目。引导社区更多的老年人参与社区教育、社区活动中，发挥自身余热，为建设和谐社区作出努力。真正达到社区老年人的“老有所为、老有所学、老有所乐”。

二、分析预估

在发展终身教育和构建学习型社会的理念推动下，社区老年教育得到了迅速的发展，但也存在许多问题，具体来说：一是社区老年教育覆盖面较窄。相对而言，受教育程度较高的老年人对生活的期望较高，更渴望与社会有较多的接触和交流，让自己的生活更加丰富多彩。经济收入水平较低的老年人对于参与社区组织的老年教育有所顾虑，往往采取回避的态度。二是社区老年教育的内容和形式较为单一、雷同。社区老年教育的定位仍局限于丰富老年人生活的传统观念上。即使社区工作人员认识到了老年教育需求的差异，由于社区资源的缺乏和执业能力的局限，也无法确保老年人教育需求的实现。三是社区老年教育的专业服务水平不高。社区老年教育都还处于探索和实验阶段，没有科学、标准的组织制度，许多教育活动的开展都是相互借鉴，导致社区老年教育组织和实施过程的专业性不足。

三、服务计划

（一）服务目标

了解老人的基本情况，关注老人不同层次的教育需求；提供途径让老人主动参与社区建设、社会发展，满足其继续为社会作贡献的强烈愿望；不断丰富社区老年人的精神生活，提高老年人生活质量；通过老人之间的互动，拉近社区邻里关系，构建社区和谐的人际关系和人文环境；资源整合，整合利用社区物资、人力等资源，让社区居民更关注老年人教育，进一步发展社区老年人教育活动。

（二）服务策略

社区居民委员会要以科学发展观统领老年教育工作，在教学内容、课程设置、教学方式方面作出努力，不断满足老年人日益增长的精神文化需求。做到以下三点：一是教学内容多样性。一方面，坚持将政治理论作为社区老年教育的必修课，另一方面，根据老年学员的实际需求和兴趣爱好，不断拓展文化知识、保健常识、娱乐活动等教学内容。二是课程设置合理性。坚持“增长知识、丰富生活、陶冶情操、促进健康、服务社会”的办学宗旨，开设深受老年学员喜爱的专业课程。三是教学方式灵活性。定期开展丰富多彩的学习成果展示活动，以教育推进活动，以活动促进教育，提高老年学员的学习热情，不断增强老年教育的吸引力和凝聚力。通过这样的方式，相信能够让社区老年教育得以更好的发展。

（三）服务程序

第一阶段：筹备阶段

（1）项目调研与策划，拟定项目申请书，递交上级批准；

（2）确定活动项目，资金落实，签订项目服务协议；

（3）落实办公和活动的场地，购置开展活动所需的设备；

（4）联系社区社团组织成员及志愿服务者。

第二阶段：起步阶段

（1）制订详细的工作计划；

（2）制订各种相应的工作制度，活动规则；

（3）与社团组织成员讨论分析相关活动流程，制订相应的详细的活动计划。

第三阶段：发展阶段

（1）按照工作计划为社区老人提供相应的社区教育服务；

（2）过程中发现问题，根据实际情况调整活动计划；

（3）居民委员会联合社区社会组织共同开展工作，举办形式多样的社区活动；

（4）组织老人开展各种文娱活动，丰富文化生活。

四、服务计划实施过程

（一）麒麟阁书画苑

组织社区有兴趣的居民定期参加诗书画艺术创作、研究交流、组织培训、举办讲座、展览、编辑期刊等活动。

1. 诗书画艺术培训、研讨、开发。
2. 诗书画艺术展览。
3. 诗书画艺术交流及相关社会公益性活动。
4. 书画苑网站宣传。

（二）银光民间艺术团

1. 全民健身项目。

2. 文艺会演。

3. 综合文化班。

4. 社团党支部活动。

（三）社会组织“四助”活动

迎福里社区社会组织四助小分队分别以“银光慈爱”“大爱麒麟阁”为主题开展“四助”活动。

五、总结评估

了解老人的问题及需求，使社区居民结识新朋友，扩大社交圈，采取互相学习的消遣方式发挥余热。通过举办活动，促进社区老年人文体活动与老年人教育的发展，增进社区内居民之间的互动，拉近邻里之间的关系，建设和谐快乐社区。增加了老人文体活动，丰富了老人生活，让老人重拾生活信心，积极乐观面对老年生活。有利于锻炼身体，增强体质，缓解压力，有益身心健康。提升老年人自身的优越感，增加生活乐趣，可以分享自己的快乐，减少孤独，排解烦恼，增强老人自信心，巩固人际关系。

六、专业反思

通过具体实施活动，发现社区老年教育项目还存在很多需要改进的地方，进一步要求目前老年人社区教育服务项目系统化、科学化，构建系统的网络和拟订科学的实施方案，把每一个活动渗入到每一位社区老人的生活中，使他们享受到实实在在看得见、摸得着、感觉到的好处。每一位老人所需要的教育也存在不同的要求，开展教育服务项目也要有针对性，贴心、恰当地提供老年人社区教育。老年人社区教育活动项目形式要多样化，把更多的社区老年人吸引过来，使老年人走出家门，参与社区教育活动，满足老年人多样的精神需求。老年人社区教育活动项目要具有创新性，根据社区老年人教育方面的潜在需求，结合项目开展过程中产生的问题并作出相应的调整，不断推出新的项目，填补空白，保持项目的生机与活力。

（作者单位：河北区王串场街道迎福里社区）

附件：

详细活动介绍

一、麒麟阁书画苑

组织社区有兴趣的居民定期参加诗书画艺术创作、研究交流、组织培训、举办讲座、展览、编辑期刊等活动。

1. 日常活动：麒麟阁书画苑每周活动两次，书法活动、绘画活动分开举办，并有专业老师固定为社区居民讲解示范。

2. 书画展：每逢重大节日、举办麒麟阁书画展活动，现已举办过三届书画展，吸引了广大社区居民参观，也激发了更多社区老年人的参与意愿。

3. 公益性活动：社团成员将优秀书画作品对外展示，与其他社区社会组织交流心得，参与友邻社区书画活动，麒麟阁书画苑同时也为社区公益慈善事业作出很大贡献，例如，慈善义卖项目。

4. 建立麒麟阁官方网站、微博微信：利用大众传媒宣传麒麟阁宗旨，通过开展诗书画活动，搭建诗书画界的友谊桥梁，促进诗书画的交流与传承，更好地为构建和谐社会服务。

二、银光民间艺术团

1. 日常健身活动：开展适合老年人身心健康的活动，为他们搭建科学健身平台。达到动静结合、运动适量、身体健康。

2. 文艺会演：定期组织社团成员培训学习歌舞节目，精心排练多种文体节目，承担市、区、街各项重大节日庆祝活动。

3. 综合文化班：每周定期开课，课程覆盖面包罗万象，包括：健康知识讲座、政治、美容化妆、技艺培训、厨艺烹饪、时事新闻、防盗防骗知识等多种内容。社区居民在这个教育平台上相互学习、相互交流，不仅提高了文化修养，同时也丰富了社区老年人的精神生活。

4. 社团党支部活动：定期开展党课学习。实行党支部领导下的团长负责制，鼓励年轻党员参与组织管理工作，以老带新，用他们的智慧才能和在艺术上不断学习的探讨精神，使艺术团的艺术生命力、凝聚力加强，朝气蓬勃，不断创新发展。

三、社会组织“四助”活动

迎福里社区社会组织四助小分队分别以“银光慈爱”“大爱麒麟阁”为主题开展“四助”活动。包括以生活帮扶（打扫卫生、编织衣物、捐衣捐物、读书读报、拆迁找房）、医疗救助（送医上门、带患就医）、便民服务（取物取钱取药、买菜送饭、拆洗衣服）、春节慰问（送春联、“福”字、头花等）、老年课堂（防火防盗防骗、自救知识、书画培训）、个性化服务（生日慰问、婚丧嫁娶帮扶）、养老院慰问演出、一帮一互助、义卖捐赠等方式开展“四助”活动。

治理小区“疑难杂症”居民委员会充当“全科大夫”

高世浙

一、背景介绍

2015 年夏，振德里居民委员会辖区内的孚泰公寓某门顶楼业主吴女士向居民委员会求助，其楼顶建有一个存放消防器材的铁皮小屋，小屋的墙面与楼顶交界处的防水层老化，造成一下雨就漏水，吴女士称是旧楼区改造的时候防水没有做好。居民委员会向旧楼区改造指挥部反映，但经勘察后得知当时旧楼区改造时并没有涉及楼顶这个部位的工程，所以不存在保修问题。居民委员会又联系物业公司，物业公司回复因是准物业，只负责生活垃圾清运和小区楼道及小区内路面卫生，也拒绝维修。居民委员会又联系孚泰公寓的开发商——津东开发商，开发商派人查看后，说不属于其管理范围。居民委员会后又联系小关房管站等部门，但由于居民房屋的产权是私产房，房管站也不予维修。吴女士自己也多次给建委、市政等部门打过电话，均被告知不在管辖范围之内，2016 年雨季即将来临，居民又将面临房顶被雨水浸泡的局面。

二、分析问题

1. 振德里社区是老旧社区，2012 年旧楼区提升改造后，实行了准物业化管理，小区居民的生活配套设施、卫生环境、小区秩序都得到了明显改善。

2. 旧楼区存在的历史遗留问题较多，相关责任主体梳理不清，居民对物业管理的范围认识比较模糊。

3. 孚泰公寓是准物业管理小区，物业公司暂时能提供的相关服务项目较少，特别是私产房业主的房屋设施的公共部位，需要维修时遇到了很多难题，责任主体之间互相推诿。

三、服务计划

（一）服务目标

设法厘清社区物业各部位的产权和隶属关系，建立物业联系通讯录，以及使居民遇到物业维修方面的问题有据可查、有法可依、有人问、有人管、有人修的“五有机制”。

（二）服务策略

联系相关部门和产权单位，居民委员会负责到底，适当借助社区内的相关单位以及本街辖片内的优势资源，借势借力，“敢啃硬骨头”，解决老旧社区的历史遗留问题。

（三）服务程序

通过振德里社区上级单位——望海楼街道办事处出面协调，居民委员会牵头联系社区居民、准物业公司、社区内相关企业、房屋维修单位互相配合，赶在雨季到来前尽快解决居民楼顶漏雨问题。

四、服务计划实施过程

居民委员会经了解得知，孚泰公寓楼顶铁皮房为消防专用，就上报望海楼街道安监科，安监科负责人勘察现场后上报街道主管综治工作的李主任，李主任提请街道办事处领导班子上会讨论后，街道领导集体迅速作出反应。委派望海楼街道负责物业的主管领导刘主任亲自督办，联系河北区房屋维修中心，从双十经费中划拨部分资金对孚泰公寓楼顶进行了彻底维修。居民表示满意。

五、总结评估

居民委员会在社区建设中应该充当的是服务居民的“全科医生”的角色，只要居民有困难，不论是否属于自己直接服务范围内的项目，都要不遗余力地给予解决。当然在服务过程中，要学会借助社区相关的职能部门和机构的力量，想方设法为居民解决实际问题，并在实施过程中总结经验，以便下次遇到类似的情况，为居民提供更好的服务。

六、专业反思

“世上无难事，只怕有心人”。居民之事无小事，遇到社区的历史遗留问题，居民委员会不能单纯地把居民转介到其他相关部门而完事大吉，而要通过不懈的努力，刨根问底的精神，不达到目的誓不罢休的勇气，多为居民办好事、办实事，撑起社区这一片和谐的天空，让居民能安居乐业、居有所依。

（作者单位：河北区望海楼街道振德里社区）

清脏治乱　还居民美丽家园

朱长江

一、背景介绍

芳草园小区于1999年入住，建成年代较久，附属设施设备老旧，属于旧楼区，但由于房管局系统中显示的入住时间为2000年，虽经街道、居民委员会、业主委员会多次与有关部门沟通，最终还是未能进行旧楼改造。2012年物业公司撤出后一直处于没有物业公司服务的状态，导致小区绿地脏乱差、私装地锁、垃圾成堆等现象严重。居民对此非常不满。

二、分析预估

1. 芳草园小区自身存在的优势。虽然属于老旧小区，但小区是按照商品房的标准开发、建设的，小区业主的受教育程度高，社会阅历丰富，拥有较高的社会经济地位。

2. 芳草园小区存在的问题。由于物业公司撤出导致小区将近两年处于无物业公司服务的状态，而是由业主委员会自管，弊端就是管理脱节，居民争先恐后地安装地锁、乱圈乱占、乱堆乱放杂物，出现这个问题的主要原因就是，大家的从众心理：小区的公共区域有我的一份，别人可以占，我就可以占。

3. 解决问题的态度。经过走访得知，大家不希望就这么脏乱差下去，希望有新的物业公司进行接管。

4. 芳草园小区当时所处的社会环境。要求所有小区物业管理全覆盖。

三、服务计划

（一）服务目标

1. 为小区引进物业管理服务企业。
2. 清脏治乱、对绿地和车位进行提升改造，美化环境。
3. 在小区的出入口安装车辆道闸杆和监控摄像头。

（二）服务策略

1. 根据《天津市物业管理条例》等法规的相关规定，协助业主委员会引进物业服务企业。

2. 协调相关执法部门对小区进行一次全方位的清脏治乱，对绿地的树木进行修剪，新植树木。

3. 为了小区的安全，约谈物业公司，建议其在小区的出入口安装车辆道闸杆和监控摄像头，便于物业公司对车辆进行管理，保护业主的财产安全。

（三）服务程序

1. 监督指导召开业主委员会会议、业主代表会议、业主大会，公布选聘物业服务企业的相关程序以及制定物业合同的条款，经业主大会表决同意后由业主委员会与中标单位签订服务合同，在小区显著位置张贴公告并上报上级主管部门备案。

2. 组织协调物业公司、街道综治办、综合执法队、区园林委等有关部门对小区的地锁进行拆除、对乱堆乱放的杂物进行清运、对小区的绿地和车位进行提升改造。

3. 在签订物业服务合同时，把物业公司出资在小区出入口安装车辆管理道闸杆和监控摄像头写入合同。

四、服务计划实施过程

（一）按照规定选聘物业服务企业

经过多次召开由街道代表、居民委员会工作人员、业主委员会业主代表、民警参加的联席会议，达成共识由街道自管物业对小区进行管理，经业主大会同意后，新开河众信物业管理有限公司于2014年4月1日接手芳草园的物业管理工作。

（二）进驻小区后物业公司加强了管理和服务

1. 车辆管理方面，在小区安装车辆道闸杆、挪车器，对小区车辆秩序有序管理。
2. 在安全防盗工作方面，物业在小区出入口安装了4个摄像头。
3. 加强了小区的内外保洁。
4. 门岗24小时执勤，小区内有保安按时巡视。

（三）成立工作组，集中治理

2014年6月，在街道领导帮助协调下，由街道、综合执法队、居民委员会、业主委员会、物业公司相关人员组成的工作组对小区进行了清脏治乱，行动前由居民委员会、业主委员会、物业公司联合张贴公告，积极宣传此次清理活动，在清理过程中做好解释工作，不与一位居民发生任何冲突，最后经过大家共同的努力，共计清理楼内外堆物堆料65车次，拆除100余个地锁。

（四）街道牵头，各方配合

2015年10月，街道协调市容园林委决定对芳草园的停车位和绿地进行提升改造。改造前居民委员会、物业公司以及业主委员会对此次改造进行了广泛的宣传，入户征求居民的合理化建议，取得多数居民的支持后张贴改造公告，施工过程中街道领导带领居民委员会工作人员全天现场办公，做好解释工作。此次改造对原有树木进行了统一修剪，对2000余平方米的绿地进行了清整，补种各种绿化树木 70 余棵。对小花园健身场地进行了路面硬化，铺设了地砖，对破旧的车位砖全部进行了更换。

五、总结评估

通过街道、居民委员会、业主委员会的协调，为芳草园小区成功引进了专业的物业公司。多部门联合办公对小区的脏乱差进行了彻底的治理，给居民营造了一个舒适、干净的生活环境，此次的服务目标完成。虽然目标完成了，还要后续跟进监督、指导物业公司的服务，保持取得的成果，达到上级部门提出的长效管理的要求。

六、专业反思

以前不太重视社区社会工作专业的方式方法，但通过此次服务过程让社区工作者认识到专业的重要性，运用专业的社区社会工作方法能够解决我们日常出现的专业问题，今后我们会不断地学习专业知识，努力充实自己，为社区提供更好的服务。

（作者单位：河北区新开河街道东锦里社区）

引导民主参与　增强社区凝聚力

孙　欣

一、背景介绍

天泰社区位于天泰路西部，东起天泰路，西至杨桥大街，南起津浦北路，北至北洋桥，占地面积0.12平方千米。天泰社区居民委员会管辖片拆迁户较多，人户分离人员占小区人口的2/3，现居人员不足600户。居民凝聚力差，参与社区活动积极性较弱。

二、分析预估

社区居民是社区建设的主体，社区居民参与社区建设，是实现社区自治的内在要求，也是社区发展的动力和根本保证。随着社区的发展，社区居民参与的重要性日益彰显，已成为社区建设和发展的重要动力。但是由于种种原因导致居民参与社区建设积极性下降。

一是政府主导社区事务多，居民参与社区事务冷漠，主动参与公共活动意识不强；二是年轻人在激烈的市场经济体制思潮的冲击下，工作压力大，参与社区建设的时间少，无法参与社区建设；三是很多居民对社区建设存在偏见，或者对社区建设了解不够，没有形成良好的主人翁意识和主动参与社区建设的意识；四是参与社区建设的载体不够丰富，导致社区居民参与社区建设的热情不高；五是一些居民不了解社区的工作职责，不知道参与社区建设的途径和方法。

三、服务计划

（一）服务目标

加强社区成员间的邻里关系，加强居民之间的凝聚力，引导居民参加社区建设、提高居民自我管理社区的能力。努力提高社区居民对社区建设的参与度，增强社区的凝聚力，有效实现居民自治，提升社区居民的满意度和幸福感。

（二）服务策略

转变社区成员观念、增强社区意识宣传教育是始终都要坚持的一项工作。强化宣传教育要把握以下几点：一是要有针对性。要针对群众普遍关注的问题和社区建设的突出矛盾进行宣传教育，针对不同群体、不同阶层的实际情况进行宣传教育。二是要有广泛性。使广大社区居民群众都能接受到宣传教育。三是要有多样性。例如，通过宣传栏、广播电视、市民学校、自办刊物等途径，通过设计社区标志，宣传社区内的好人好事，组织社区居民参与讨论社区问题等形式强化居民的社区意识，通过宣传教育，使社区居民认识到自己是社区的主人，既是社区建设的参与者，又是社区建设的受益者，明确社区是一个守望相助的共同体，社区居民委员会是群众性的自治组织；使社区单位认识到其所在的社区是它们正常运行的微观环境，共同参与社区建设，共创生活便利、治安良好、环境优美、人际关系和谐的文明社区，不仅是每个驻区单位应尽的义务，而且符合社区内每一个单位的自身利益。

（三）服务程序

1. 建立健全居民参与社区民主议事的各项制度。为进一步增强居民自治意识，保障广大居民对社区事务的知情权、参与权和建议权等基本政治权利，提高社区民主自治水平，完善居务公开、民主评议、事务听证和社区居民代表会议等各项制度。

2. 建立多渠道民主参与社区活动途径。落实“居务、财务、事务、服务”四公开制度，切实保障居民的知情权和监督权。创新工作方式，通过上门走访、建立民情信息站、开座谈会、警民恳谈会等形式，了解民情，掌握社情，畅通民意诉求渠道，组织居民有序开展与其日常生活紧密相关的社会管理与公共服务工作的监督评价活动，通过各种渠道了解群众呼声，倾听群众的意见，对居民群众的情况做到“知底、知情、知心”，始终保持同居民的血肉联系，使居民群众真正了解民主自治、参与民主自治，感受民主自治。

3. 加大宣传力度，培养居民社区意识。增强居民社区意识的主要途径之一是强化宣传教育，营造“社区是我家，联系你我他”“社区是我家，建设靠大家”的良好氛围。在强化居民宣传教育中，注意针对性、广泛性、多样性，通过设计社区标志、结合开展社会法律、道德、科普知识、文化艺术等宣传活动，宣传表扬社区内的好人好事，发动居民参与讨论社区问题等形式，强化他们的社区意识，激励和激发广大居民参与社区建设活动的自觉性，让社区居民走进、了解、熟悉、信任社区，发挥好党和政府联系群众的桥梁、纽带作用，做到上情下达，下情上传。

四、服务计划实施过程

（一）加强对居民正确的引导和管理

社区居民委员会联合党委建立了目标责任制度、会议制度、帮扶制度、学习培训制度、党建活动制度等一系列工作制度，确保“区域共建”工作的有序进行。加强宣传发动，向全体社区居民发出建设美丽社区倡议，并通过张贴画报、设立社区公益广告牌等具体形式，让每个居民、家家户户都知晓并积极参与到居民素质提升活动中。不断发挥居民议事功能，让社区居民商议交流关心的问题，为和谐社区创建贡献良策，提高居民自治能力，提高社区自治水平。

（二）发挥党员作用，带动社区建设

认真抓好社区党委及社区班子人员的思想建设、作风建设，提高他们的自身素质。不断建立健全各项制度，规范党员管理，定期召开党总支、

党员会议，传达上级党工委的工作要求。保证社区党员能够及时学习到党的精神和政策。同时以党小组为单位，召开座谈会，鼓励党员们参与社区事务、畅谈社区的建设，提合理化建议，提高党员在居民群众中的带头作用。通过开展党员活动，强化党员意识，号召党员以身作则，为构建和谐社区出谋划策。社区党委定期组织社区党员开展义务巡逻、环境清整等活动，不断扩大党员志愿者队伍，为优化党员队伍打下基础。

（三）通过活动，提升居民参与社区建设的意识

通过组织“三八”节活动、青少年活动、党员活动等，让居民在形式多样的文体活动中，接受熏陶和感化，提升居民文明素质。例如，利用寒暑假期间为青少年开展丰富多彩的活动。寒假开展了“我运动 我快乐”主题活动。暑假开展了“暑期安全讲座”“绿色社区 从我做起”活动。在迎“七一”节活动中，天泰社区党委举办了丰富多彩的主题实践活动，如庆祝建党94周年座谈会，会上党员们畅所欲言，党委书记向党员们致以节日的问候，并为他们送上慰问品，感谢党员们对社区工作的关心、支持和帮助。“三严三实”主题党课，党委书记向党员们讲解了“三严三实”的重大意义和内涵，同时带领大家重温入党誓词，进一步强化党员意识，坚定理想信念。组织社区党员志愿巡逻，通过巡逻，党员和群众走得更近了。同时在社区开展了“人人动手，美化环境”活动，坚持把力量转向对重点、难点、盲点的治理，统筹区域内党员志愿者、青年志愿者、在职党员，对环境卫生死角、乱贴乱画、贴小广告、乱设广告牌等难点问题，进行经常性集中整治，以自身良好的形象和服务成效推动文明洁美的和谐社区建设。

五、总结评估

通过各项政策的落实和机制创新，在社区形成了“有福大家享、有难大家当、有事大家议、有事大家办”的良好氛围，增强了居民的自治意识，激发了社区居民参与社区建设的热情。

六、专业反思

强化居民的社区参与意识，必须通过活动的举办及信息的快速流通，使居民之间的互动增加，且对社区的人、事、物等都能明了、清楚。逐渐建立居民的自主意识，进而积极地关心社区事务，参与社区的发展工作。

（作者单位：河北区新开河街道天泰社区）

加强社区道路建设　推进构建和谐社区

季　旭

一、背景介绍

裕泰园社区成立于2007年8月，辖区四至为东起富堤路，西至津浦北路，南起西沽货场，北至杨桥大街，属于商品房和回迁房混合社区，社区环境及情况比较复杂，而本社区管辖范围内西沽货场路预计今年修路，但由于西沽货场路之前长期荒废，滋生许多私搭乱建的违章建筑，长时间无人清理，导致西沽货场路环境“脏乱差”，居民一直有很大意见，多次来到居民委员会要求及时清理。

二、分析预估

1. 西沽货场路常年有违章建筑，导致裕泰园社区周围卫生环境极差，已经是遗留很多年的问题，对周围居民的生活环境造成很大影响，不利于和谐社会、和谐社区的构建。

2. 西沽货场路多年未开通，导致裕泰园社区周边交通少了一条重要枢纽，使得社区不能达到四通八达，给裕泰园社区居民生活出行带来了很大的不方便，改善道路情况是必然要求。

3. 西沽货场路违章违建横行，对于社区的安全问题有很大隐患，容易引起火灾等灾害，并且容易滋生老鼠、蚊蝇等，给社区内的卫生防疫及卫生安全等带来了很大的隐患。

三、服务计划

（一）服务目标

西沽货场路的修建畅通，将给裕泰园社区带来生活环境及卫生环境的很大改善，是一件惠民工程，也是本社区居民乐于看到的事情，可以说是一件“顺民心，得民意”的事情。

（二）服务策略

1. 加强走访及入户调查西沽货场路附近的社区居民，听取他们的意见及想法，为西沽货场路修建工程提供更多的方案，所谓“众人拾柴火焰高”。

2. 裕泰园居民委员会就西沽货场路的修路工程，及时与本社区物业公司沟通，做好相关配合工作，使得西沽货场路的工程顺利推进。

3. 裕泰园居民委员会联系沟通新开河街道办事处城管科、综合执法等相关部门，做好西沽货场路工程的配合协调工作。

（三）服务程序

裕泰园居民委员会通过走访吸取居民意见，更好地推进该工程的顺利进行，并在西沽货场路的修路工程开展前贴出公告行使告知义务，在工程开展过程中全面配合相关部门推进工程的顺利开展。

四、服务计划实施过程

西沽货场路的修路工程开展前贴出公告行使告知义务，广大居民反响强烈，给我们对此工程的实施提供了更多的动力。

在新开河街道办事处的领导下，在建委、综合执法、公安、众信物业等相关单位配合下，裕泰园居民委员会积极跟进，西沽货场路先行清理了道路上多年存在的违章私搭乱盖建筑，虽然拆除过程中遇到了个别居民的阻挠，但是在居民委员会工作人员的劝说与调解下，社区居民终于理解了居民委员会工作困难与艰辛，同意进行拆除，使得违章建筑的拆除工作顺利推进。拆除工作顺利完成后，清理了遗留的工程渣土及生活垃圾，并完成了对裸地的苫盖，防止对环境的二次污染，并预计在今年内，完成西沽货场路的铺设工程，真正实现该路段的畅通。

五、总计评估

西沽货场路工程的落实与推进，很大程度地改善了裕泰园社区管辖范围内的环境，使得小区环境焕然一新，并且改善了社区居民的出行条件，使得社区周围交通状况达到了真正的四通八达，并且使本社区卫生防疫工作有了很大程度的改善。

六、专业反思

裕泰园居民委员会社区管理工作在新开河街道办事处的正确领导和支持下，在相关部门的全力配合下，取得了一点成绩，但离领导的要求、居民的希望还有较大的差距，社区在日常的管理工作当中还用许多不足之处，需要在摸索和积累当中不断改善。在来年的工作中，我们将继续努力工作，让领导放心，让群众满意，想人民群众之所想，急人民群众之所急，解人民群众之所需，为建设宜居新裕泰园社区作出应有的贡献。

（作者单位：河北区新开河街道裕泰园社区）

制止私搭乱建　共建文明社区

张　娟

一、背景介绍

随着天气越来越暖和，到了装修旺季，监控私搭乱盖也成了居民委员会的重要工作。为了有效地杜绝这一现象，居民委员会工作人员每天到处巡视。某天上午居民委员会人员外出巡视中发现，本小区某处楼后面正准备搭建后院。

二、分析预估

1. 第一时间上报执法大队，与执法大队队员共同入户，了解情况。
2. 在与居民沟通中，安抚居民情绪，减少冲突。
3. 与相关部门共同协调做居民工作，拆除正准备搭建的后院院墙。

三、服务计划

（一）服务目标

配合相关部门做通居民思想工作，尽快将发现并确定的违章建筑拆除，避免在本社区内产生负面影响。

（二）服务策略

配合有关部门向居民讲解相关法规政策，让居民认识到问题，并认可拆除已搭建的后院院墙。

（三）服务程序

首先，事件紧急，第一时间上报相关部门，得到相关部门支持，共同寻求及时有效的解决办法。其次，说明情况，争取得到居民理解。最后，排除隐患，及时制止居民私搭乱建小院，同时防止其他居民效仿，在处理问题时注意方式方法，避免发生冲突。

四、服务计划实施过程

发现问题后，了解实情，制定措施。居民委员会工作人员发现问题后第一时间通知执法大队，执法队员到达现场后，与社区工作人员一起入户了解具体情况，鉴定是否为违建，确定无误后，劝说居民停工。在与居民沟通过程中要安抚居民情绪，讲解相关政策，做好思想工作，摆事实，讲道理，让居民认识到问题，正确理解，接受批评，积极配合，同时认可拆除已准备搭建的后院院墙。经过多方协调配合，居民表示理解，并愿意配合拆除工作，拆除已搭建的后院院墙。同时，经过此次事件，居民委员会和居民“不打不相识”，将其吸纳为志愿者，积极参与小区制止私搭乱建的宣传工作。

五、总结评估

在平时，居民委员会应该做好宣传工作，加大宣传力度，善于发现挖掘热爱社区工作并支持社区工作的热心居民。同时发动楼栋长、志愿者、党员骨干力量在小区内对私搭乱建行为进行宣传，提高居民对其问题的认识度，加强巡视，杜绝发生私搭乱建现象，如发现第一时间上报，密切关注，力争做到早发现，早上报，早解决。

六、专业反思

认识到平时工作中的不足，提高自身专业水平和综合素质。培养积极的进取心和责任心，不断学习业务知识，加强主动沟通的协作能力。同时，对工作要做到精益求精，保持积极向上的工作态度，对自己高标准、严要求。

（作者单位：河北区月牙河街道涪江北里社区）

清洁社区　维护绿色家园

徐福娜

一、背景介绍

茶淀街道泰安里社区由两个新型小区和一个老城区构成。老城区居住者大多是外来人口，在城区建立之时，基础设施建立不完善，加之早年间物业管理的不作为，待社区居民委员会成立之时，居民私搭乱建已成雏形，政府公用土地被居民圈占用来种菜、搭棚。建筑垃圾堆积门口，甚至生活垃圾也随处可见。因扩建造成道路坑洼异常、狭窄难行，严重阻挡了消防通道，而且城区内没有任何绿化建设，居民的卫生与安全成为一直以来需要亟待解决的问题。

二、分析预估

泰安里社区老城区最严重的问题就是私搭乱建、圈地占地现象较为普遍，造成居民出行不便，消防通道被占用，居民的安全问题成为隐患。另外，绿地和健身设施缺乏，整个居民楼卫生环境不被居民重视。经常有居民反映居住环境的脏乱差、车辆出入的不便捷、装修垃圾堆放不处理等问题。

三、服务计划

（一）服务目标

针对上述情况，社区在整改之前确立了过程目标和任务目标。

过程目标又分为短期目标和长期目标。短期目标是及时协调各方资源处理老城区内的垃圾堆放问题，解决居民生活环境污染带来的直接性危害。长期目标是以点带面，动员社区内的全体居民团结起来，共同维护环境，建立长期监督维护机制，控制违法建筑和圈地占地的情况扩张。

任务目标是向上级申请在圈占地上建立街心公园，以便改善环境，增强居民自觉维护绿色家园的意识，此外，增加居民健身娱乐场所，促进邻里关系，为居民共谋社会福利。

（二）服务策略

1. 组织社区党员、志愿者和老城区的楼门院长召开动员会，组成志愿服务队伍，定期开展“清洁家园”的行动。

2. 开展“清洁家园、健康你我”“灭蚊灭蝇”等宣传一条街，在社区普及环境卫生与健康的知识。

3. 举办健康知识讲座和消防安全讲座，通过讲座的形式，提高居民的生活常识和认知，反思自己生活的环境卫生和安全隐患，让居民从内心自发地认识私搭乱建的危害。

4. 召开社区党委、居民委员会、物业、业主委员会“四位一体”的联席会议，集体讨论具体的实施策略，以促成建立街心公园为依托，实际性地改善泰安里老城区的环境，提升整个城区居民的素质，改善居民日常不良行为。

（三）服务程序

1. 组织领导班子入户调研统计私搭乱建和圈地占地的数量和范围。

2. 召开“四位一体”联席会议，上报街道，申请并促成建立街心公园。

3. 组织社区党员、志愿者和老城区的楼门院长召开动员会，组成志愿服务队伍开展“清洁家园”的行动。

4. 开展“灭蚊防病，健康你我”一条街宣传活动。

5. 举办“灭蚊防病，健康你我”健康知识讲座。

6. 举办“关注防火安全”消防安全知识讲座。

7. 发出通知，在规定时间内由居民自行清理街心公园规划区域内的私有财产。

8. 组织圈地占地的居民参加动员会议，了解街心公园建立的实施方案和后续进程，保证文件下达的实际有效。

四、服务计划实施过程

鉴于老城区的私搭乱建和圈地占地的数量众多，且位置零散，泰安里社区居民委员会召开领导班子会，组织居民委员会干部入户统计数量，并调研其属于哪一门哪一户，做到心中有数。然后与物业、业主委员会、社区党委召开联席会，申请并促成街心公园的建设，从基础设施的改善出发，以公园文化和社区文化相结合，改善整个城区居民的精神文明生活，从而为社区的安全和卫生奠定精神基础。

接下来就需要通过具体的活动宣传与传播安全和卫生的重要性。第一步，召集城区内的志愿者和楼门院长组成志愿服务队伍，开展“清洁家园”的活动，清理城区内的垃圾、废品、积水等严重影响人们出行的障碍。第二步，在城区主干道开展宣传一条街活动，通过张贴宣传栏，发放宣传材料的形式向附近居民、商户传播安全和健康的知识。第三步，邀请社区医院的专家在社区举办健康知识讲座，通过讲述环境卫生与健康的密切联系，让居民深刻意识到治理居住环境是每个人的责任。第四步，邀请消防队参谋长为大家讲解消防安全的知识，包括家庭安全隐患、火灾应急处理、安全逃生等贴近居民实际的知识。从侧面让居民意识到私搭乱建占用消防通道的一大危害，鼓励居民自觉地为自己和他人留出生命的通道。

最后，在建立街心公园文件批复下来后，发出通知，让居民自行清理在街心公园规划区域内的私搭乱建的违章建筑，并组织相关的居民召开会议，面对面地与居民讨论建立街心公园的重要性和实施方案，以及后续的进程，望广大居民能尽力配合社区居民委员会的工作，为整个城区居民的福祉贡献力所能及的力量。

五、总结评估

通过上述工作，居民的集体观念有了增强，垃圾处理和圈地占地得到了有效的控制。面临建立街心公园的大工程，居民整体表示满意，大部分居民开始着手处理在街心公园规划区内的私产，并在邻里间宣传安全与卫生的相关知识，对街心公园的建立期望很高，为后续公园的建设打下了群众基础。

六、专业反思

在上述一系列的活动中，还有一些人对此无动于衷，家中的破烂随意丢弃门外不进行处理，而且圈地占地的居民中有一小部分还是不作为，影响了后续的街心公园的建设。从工作实践中我们也意识到在这个案例中，社区的力量还不足以凝聚全部居民的向心力，不足以保证居民的执行力，必须通过协调街道物业办、街道安全生产办和综合执法部门等资源，共同处理居民矛盾，促成街心公园的顺利建成。

（作者单位：滨海新区茶淀街道泰安里社区）

积极开展“共驻共建”推进社区和谐发展

杨　丽

一、背景介绍

茶淀街道留园里社区位于滨海新区汉沽一经路以西，四经路以东，一纬路以北，滨玉线以南，占地面积0.19平方千米，是由两个新小区和一个老旧小区结合的社区，不同的环境造成了不同的矛盾。

老旧小区始建于1983年，由7栋自建楼和200余户平房组成。基础设施老化，自来水管网、下水管道等设施由于年久失修，没有暖气，没有燃气，给居民生活带来诸多不便。

香水湾花园小区和润和馨苑小区由于开发商遗留问题太多，给物业和社区工作造成很大阻力。

二、分析预估

居民法律意识的不断提高，对社区解决问题的方法和手段也提出了更高的要求，不再是过去的两头劝说那么简单，都要按照法律法规的规定解决问题。因此居民委员会干部要学习法律知识，这样才能更好地为居民提供优质的服务。

三、服务计划

（一）服务目标

加强“法律进社区、律师上讲堂”的共驻共建工作。积极开展法律讲堂、道德讲堂活动，让居民了解法律法规、道德准则，更好地维护自身的合法权益和义务，为创建和谐社区奠定基础。

（二）服务策略

1. 成立调委会、党员骨干接访制度，畅通沟通渠道，发挥基层党员骨干和网格联络员的作用，倾听百姓心声。

2. 组织居民代表、业主代表座谈会，了解居民关注的热点难点问题，做好归类及时协调解决。

3. 及时向有关部门汇报情况协调解决居民提出的问题，把问题解决在萌芽状态。

（三）服务程序

组织律师志愿者经常性地开展座谈解疑活动。定期开展法律知识讲座。完善综治信访接待站，以开展“进社区、访民意、解难题、办实事”活动为契机，不断完善工作机制，拓宽律师与社区居民沟通交流的渠道，提高律师志愿者走进社区、融入社区、服务社区的积极性。

四、服务计划实施过程

2012 年至 2015 年，社区组织居民完成了《天津市物业管理条例》的学习解读。

社区的两个新小区也已建成六七年，部分设施也逐渐损坏。针对这一情况，社区将于 2016 年开展《应急解危专项资金的管理使用办法》等涉及居民切身利益的法律知识培训。深入了解居民的其他需求，并根据居民的不同需求制订学习培训计划，更好地服务居民。

五、总结评估

近年来，留园里社区充分发挥“共驻共建”作用，紧紧围绕社区各项工作认真履职，进一步提高社区工作人员的整体水平，有效地促进了社区各项事业的健康发展，得到了居民群众的广泛好评。

六、专业反思

发挥“法律进社区，律师上讲堂 ”作用，不仅实现居民不出社区就能够解决法律难题，也为创建和谐社区奠定了坚实的基础。发挥“法律进社区，律师上讲堂 ”作用，在社区建设、提高居民法律意识、解决居民矛盾、困惑上取得了一定的成效，但在实际工作中还存在不少问题：

一是居民参与意识需进一步增强。二是律师的时间精力有限，且掌握的法律知识不全面等因素发挥作用不明显。三是保障措施不到位，没有活动场地和经费保障。

（作者单位：滨海新区茶淀街道留园里社区）

密切联系群众　构建服务新模式

张　伟

一、背景介绍

茶淀街道五羊里社区位于滨海新区汉沽四经路以东，二经路以西，二纬路以南，三纬路以北，占地面积0.42平方千米，是滨海新区茶淀街道最大的老城区之一。辖区以天津化工厂职工宿舍区、二公司职工住宅区为主，农林局楼、银行楼、劳动局楼、农机局楼、工商局楼坐落其中，是职工聚集比较密集的老城区，人口多，情况复杂。

2011年2月，五羊里和六安里两个居民委员会合并，现共处五羊里社区管辖，共有楼房91栋，平房118排，住户3356户，常住人口10668人。

震后，由于缺乏资金支持、政策倾斜少，社区设施逐渐老化，自来水管网、下水管道等设施由于年久失修，为居民生活带来诸多不便。

随着街镇合并，和谐社区建设步伐日益加快，不断涌现出来的楼体老化、道路塌陷、健身设施老化、供水管网老化、居民饮用的自来水混浊等问题日益凸显。

由于五羊里社区的天化宿舍区及二公司楼房的物业管理权一直没有交到区里，所以这些楼宇的物业管理问题一直都由这两个单位物业公司负责。由于天化、二公司近些年经济不景气，物业管理资金短缺，技术人员较少，针对天化、二公司楼房、平房有关房屋修缮、井篦子修复、下水管道疏通、垃圾清理、路灯等维修、维护压力全部压到了居民委员会身上。居民委员会为了老百姓的利益，积极协调各部门关系，但仍有些力不从心。

二、分析预估

伴随着“党员联系群众”“领导干部下基层”等工作的铺开，五羊里社区党委开始探索“听取社情民意，下情上达”的新模式。

2013 年，五羊里社区搭建了社情民意平台，积极推动“两代表 一委员”进社区活动的开展，群众有问题随时来反映，由代表、委员作为民生问题的第一代理人，全程监督政府部门加以解决落实，街道、社区安排专人负责跟踪和反馈，从而形成了解决问题的综合力。

分析《社情民意档案》，接访重点，群众反映最多的还是旧社区改造、管网改造、水质改善、天然气管网改造等重大的民计民生问题。

在今后的几年里，每年社区都会充分利用街道人大代表工作站这一平台，组织党员群众骨干代表，参加街道、新区人大代表见面会、信访见面会，就群众关心的问题向社区人大代表提出建议。

各代表、委员从基层当选，在基层要主动作为、主动担当。

五羊里社区居民对“两代表 一委员”充分信赖、有所依靠，广大群众的利益，通过他们传达上去，渠道合法、意义重大，远比信访等途径更加理性。

社区通过多次组织“两代表 一委员”见面会，能够让群众真正感到党委政府就在身边。

三、服务计划

（一）服务目标

密切代表、委员同人民群众的联系，研究制订“代表联系人民群众工作意见”，支持“两代表 一委员”参加下基层活动，广泛、直接地听取群众意见，畅通社情民意反映渠道。选择社会广泛关注的课题，组织相关领域代表开展专题调研，并形成代表议案和建议，反映五羊里社区居民关注的老城区改造、管网改造、天然气管网改造等愿望，充分发挥代表作用，增强保障代表依法履职的能力。

（二）服务策略

1. 实行“党员群众说事制度”，设综治专干、党委骨干接待群众信访，畅通沟通渠道，发挥基层党员骨干建言献策的网格联络员作用，倾听百姓心声。

2. 组织党员（群众）代表座谈会，了解群众关注的民生难点、热点问题，并认真做好归类。

3. 利用领导汇报会、党代会、人大代表见面会、信访见面会等机会，向上反映群众诉求，选择合适契机递交各种建议、申请。

4. 向上递交的各类申请、汇报等要符合社区实际，从群众利益出发，做到全面、客观，将老百姓的民生难题向上级汇报。

（三）服务程序

组织“两代表 一委员”经常开展联系群众接地气，完善履职档案，定期开展述职评议、建立和完善综治信访接待制度以组织代表开展“进社区、访民意、解难题、办实事”活动为契机，不断完善工作机制，拓宽代表、委员与社区居民沟通交流的渠道，提高代表、委员走进社区、融入社区、服务社区的积极性。

四、服务计划实施过程

2014 年至今，五羊里社区完成了“五方块片区”自来水管网改造、六安里楼房“既有楼房供暖改造工程”等重大工程。

2016 年 3 月，六安里片区完成了“天然气管网改造工程民意调查”工作。4 月起，六安里片区的自来水管网工程也开始启动。

以上几项工程的实施，政府之所以能将这些惠民政策侧重五羊里社区，和社区积极推进“两代表 一委员”进社区活动是分不开的。

一是社区党委十分重视群众信访问题，协调各方面关系，反映民意。2014 年以来，由于自来水管道老化，铁质长期浸泡，沉积破损，管底沉积物质回流，影响了水质。五羊里社区居民委员会积极协调，联系天津龙达水务有限公司进行自来水管道改造。改造共涉及 16 栋楼，560 多户居民，改造过程不收取任何费用。但由于一个楼门只要有一户不同意，就无法对该楼门进行供水改造，社区居民委员会按照网格管理，安排专人负责，通过电话、入户、张贴通知等方式挨家通知登记，全力协助自来水公司签订供水协议，以推动工程进展，为工程的顺利进行奠定基础。

这次改造施工，将采用新工艺，外网都用PE管道，内网用PPR管道，可以保证几十年不腐蚀。自新水管安装完以后，水压稳了，水流大了，水质好了，不滴、不跑、不冒、不漏，广大居民对本次工程很是满意。

二是积极配合各部门关系，做好协调、沟通、安抚工作。2015年9月，自社区楼房“节能改造工程”启动以来，社区党委不断接到社区群众反映的测量、工程施工用料、建筑废料、工期拖延等各类问题。

由于本工程外包，施工人员素质不均，在施工过程中，出现诸多问题或不满在所难免。为了保证社区居民的利益，使改造工程能够顺利进行，社区班子向居民做好解释、安抚工作，通过各种途径，做好施工期间各类问题的反馈及安全教育、矛盾调解。针对群众反映的突出问题，形成“民情报告”反映到相关部门，经过各部门与社区党委的共同努力，部分居民反映的问题得到了圆满解决，保证了社区旧楼房改造的顺利实施。

自2014年，老河西七、八、九方块完成天然气改造工程后，五羊里老城区百姓十分期盼能够用上清洁能源，原本定于“2014年改造六方块天然气管网工程的计划”，由于燃气公司合并等原因被搁置至今。

这两年间，街镇合并，机构整合，领导频繁变动，社区班子调整，但诸多不利因素也没有让居民委员会班子放弃对“天然气管网改造”的民意反映。居民委员会写了多个情况材料，上交街道及相关部门，通过各种会议，特别是利用“两代表 一委员”进社区联系群众的机会，多次反映居民愿望，期盼有关部门能够将“五羊里社区天然气管网改造工程计划”尽早实施。

精诚所至，金石为开。2016年3月，我社区接到了新区有关部门的通知，对六安里小区拟推行“天然气管网”改造进行民意调查、房屋类型的分类工作。社区及时召开楼门院长会议，全面调查民意，争取新区“天然气管网改造工程”能够顺利落户六安里小区，造福社区百姓。

2016年4月25日，通过多方协商，新区“天然气管网改造工程”正式落户六安里小区，工程已经开始入户勘探阶段。预计两个多月的时间，将完成整个小区外网改造工作。

五、总结评估

近年来，五羊里社区充分发挥人大自身职能，紧紧围绕社区各项重点工作认真履职，进一步提升“社区人大工作”的整体水平，有效地促进了社区社情民意的传达和社区各项事业的健康发展，得到了居民群众的普遍赞誉和社会各界的广泛好评。

（一）畅通了反映社情民意的渠道

开展“两代表一委员”进社区活动后，为代表、委员走进社区倾听群众呼声，了解社会动态，广泛收集和反映社情民意开辟了一条新途径。从效果上看，“两代表一委员”收集到的社区不能解决的社情民意，及时反馈给相关职能部门，切实发挥了人大、政协上情下达、渠道畅通的作用。

（二）促进了部分民生问题的解决

“两代表一委员”进社区活动开展以来，社区建设和发展中存在的、群众生活中碰见的困难和问题及群众利益诉求，得到一定程度的解决。如辖区内道路整修问题、老旧小区升级改造、自来水供水管网改造、健身娱乐设施的配置等，“两代表一委员”通过走进社区，视察调研、走进群众等方式熟悉情况后，及时反馈给区级相关部门，促进了这些问题较好地解决。

（三）增强了“两代表一委员”的履职意识

广大代表、委员在实践中，自觉关心社会发展，反映群众愿望，帮扶困难群众，不断提高主动承担社会责任和自觉履职的意识。“两代表一委员”普遍感受到自己在群众心中的分量，感受到身上的责任，建言献策有了目标和动力。

（四）助推社区和谐发展

“两代表一委员”进社区，让广大群众看到了领导干部下基层的身影。通过联络感情、化解矛盾、反映民意，积极参加帮困慰问活动，努力为困难群众解决工作和生活中的实际难题，实现了代表、委员与人民群众面对面交流，增加了亲切感，有利于及时化解一些消极因素，起到协助党和政府联系群众的桥梁和纽带作用，助推社区和谐发展。

六、专业反思

发挥“两代表一委员”作用，可以实现群众能够在“家门口”与代表委员面对面沟通交流，有利于妥善解决基层群众最关心、最直接、最现实的利益问题。

“两代表一委员”工作制度，将代表、委员的履职从每年的“两会”延伸到平时，从会场延伸到社区基层，不仅为代表、委员履职尽责提供了新平台，也为畅通社情民意开辟了新途径。

发挥“两代表一委员”作用，在社区建设、传达社情民意等方面取得了一定的成效，但在实际工作中还存在不少问题：

一是代表、委员参与意识需进一步增强。一些代表、委员因认识、时间、精力等因素的影响，以及对法规、相关知识掌握和实际经验不足，参与意识不强，无法全身心投入接待工作，也无法全程参与接访问题的督促解决，发挥作用不明显。

二是宣传力度不够。群众对“两代表一委员”参与社会矛盾化解思想认识不足，有的认为调解主体和被调解对象都是同乡、熟人，在公平公正方面还不能取得群众的充分信任；部分群众认为代表、委员就是代表政府的，公信力有待加强；对“两代表一委员”工作室宣传不够；对基层典型成功案例的搜索、总结、宣传不够。

三是保障措施不到位。如缺乏经费保障，全街道没有出台代表委员参与化解矛盾的工作经费和人员津贴保障政策，也没有具体的规定和标准。

（作者单位：滨海新区茶淀街道五羊里社区）

社区工作案例之创文明楼门工作

王　丽

一、背景介绍

2015年在滨海新区精神文明建设办公室的指导下，在塘沽街道工委的大力支持下，丹东里社区积极开展了文明楼门创建活动，该活动是具有滨海特色的群众性精神文明建设品牌项目，得到基层干部群众的广泛支持和参与，对弘扬社会主义核心价值观和民族传统文化，助推社区管理服务水平的提升，促进和谐社区的建设作出了贡献。

二、分析预估

1. 丹东里社区是老旧小区，无物业管理，不是全部楼门都有防盗门，有防盗门的楼门也多处于逾期使用、无人维护状态。

2. 楼体建成时间多数超过二十年，墙面损坏严重。

3. 年纪大的居民较多，多数楼门内有堆放物。

4. 居民对于公共设施自觉管理维护意识较差。

5. 文明楼门创建资金少，任务重，时间紧。

三、服务计划

（一）服务目标

文明楼门创建活动的开展应做到五个“推进”，即推进社会主义核心价值观进楼门，弘扬主旋律；推进中华民族优秀传统文化进社区，提升市民文化素养；推进原创公益作品进社区，提高市民自主管理意识；推进楼门环境整洁，提升市民文明素质；推动邻里往来互助，促进和谐邻里关系。

（二）服务策略

1. 根据小区楼门综合情况选择出较适宜创建工作的楼门 10 个，联合辖区单位共同完成基础改造工作。

2. 为增强居民的自觉维护和管理意识，有意识增加居民的参与创建的任务，提高参与积极性。

3. 加大对楼门的清整力度，营造干净、整洁、温馨的环境。

4. 积极有效地利用辖区各种资源，凝聚力量，共同打造有社区特色的文明楼门。

（三）服务程序

1. 根据创建要求认真选取拟创楼门。

2. 基础工作要保质保量及时完成。

3. 以居民自行参与创建和维护为最终目标。

四、服务计划实施过程

2015 年，社区接到上级交给的文明楼门创建建设工作后，进行认真的调查研究，首先，对拟定创建的 10 个楼门进行墙面修复及粉刷，由于资金有限，社区联合了辖区共建单位，本着能自己动手的工作就自己动手的原则，辖区志愿者、社区工作人员一起完成了此项工作。

其次，为了增强居民的自觉维护和管理意识，社区发展了楼门栋长及居住在此楼门的小区志愿者为文明楼门创建成果管理员，进行日常维护工作。为了增加居民的参与积极性，同时也为了节约创建成本，社区还组织了一次大型的社区书画、摄影比赛，并将获奖作品在文明楼门内进行展示。这样不仅提高了居民的参与积极性，而且由于是自己的作品在楼内展示，也提高了居民对作品的保护意识，使文明楼门的创建成果维持了很久。

最后，社区为每个文明楼门提供了便民服务展牌，每一位居民都可以用短的时间解决自己的问题，在文明楼门的布置上还精心做了安排，保证了每个楼门都有自己的特色，让居民在回到自己家里的同时也能感觉到耳目一新的变化，感受到文明与和谐。

五、总结评估

丹东里社区以“创建文明楼门”为抓手，为每个楼门搭建了一个邻里之间相知相识的平台，以积极发动居民参与改公共楼道为公共大客厅为途径，以提高居民素质、培养公共素质、建立和睦、团结、互助的邻里关系为宗旨，探索构建一种新形势下居民的自我教育、自我管理机制，来推动社区工作更好的发展。

通过这次活动，丹东里社区创建的文明楼门都发生了可喜的变化。

（一）楼道环境大为改观，在清洁的基础上各楼门都布置了一些装饰物，体现出了各楼门的特色。

（二）人际关系有了很大改善，文明的宣传从心底影响着每一位居民，甚至在楼道里共同关注我们宣传内容的同时，邻里间还多了一份交流。

（三）居民有自己的书画、摄影作品更乐于与邻里们共同分享相互学习，促进了邻里关系的和谐健康发展。

（四）退休回到社区身体较好的老党员、老干部、老教师、老工人等，他们在楼门文明建设工作中发挥了骨干带头作用，这支队伍中的老人们党性强、觉悟高，有奉献精神，有了他们，这项工作就有了组织保证。

六、专业反思

在今后的文明楼门建设中，社区还有以下设想，比如：

（一）通过向各户发出致居民的一封信的方式宣传楼门文化建设意义，号召在职党员、干部等带好头，各尽所能积极参与。

（二）后期开展工作的楼门可以开展评比，相互学习和提高。

（三）以楼门或楼门之间开展一些有益的、可行的活动，如体育、文艺、邻里节等活动，纳入文明楼门建设中。

（四）对于文明楼门的创建工作，也可以通过有奖征集方式，征集居民的意见和建议及创建方案等。

（作者单位：滨海新区塘沽街道丹东里社区）

巧手生活　颐养乐学

——最美夕阳红手工活动案例

张　晴

一、背景介绍

融创君澜社区地处天津市滨海新区北塘经济区镜泊湖路，为新建居民区，目前社区入住人群中，老年人数量较多，且多数是退休职工。这些老人都有退休金，家庭负担轻，闲暇时间多。平日，子女工作繁忙，不能经常陪伴老人，时间久了，老人就觉得比较孤独、日子较为无聊，提供活动场所，开展有益的文化活动，成为社区老人的迫切需求。

二、分析预估

社区内退休老人生活有保障，身体状况较好，有时间，有精力。平时，子女们工作繁忙不能经常陪伴，他们会感到孤单、无聊，闲暇时间需要有效利用。根据马斯洛需求层次理论，人的需求可分为五个层次：即生理需求、安全需求、爱与归属需求、尊重需求、自我实现和超越需求。根据埃里克森的人类心理——社会发展阶段理论，成年晚年（老年）期的主要冲突与任务是自我整合还是绝望。对于这些老人而言，基本生活需要得到满足后，更高层次的需求便会出现。

社区工作者通过走访了解到，社区内居民有曾在老年大学担任手工教师的居民，有动手能力极强的居民：会编织珠子、丝绫堆绣、丝网花、钩织、刺绣、手工艺品制作等。而且不仅有手工制作特长又热心公益志愿服务、组织能力强，同邻里关系相处融洽，在群众中威信很高。而且，他们愿意发挥自己的特长，奉献社会。社区也非常希望老人能发挥自己的余热，为社区尽一份力量。社会工作者认为，整合这些资源，只要社区提供活动场所，就能满足许多老年人的精神需要。

三、服务计划

（一）服务目标

丰富社区文化生活；鼓励老年人走出家门，参与社区文艺活动，丰富老年人退休生活，增强老年人身体素质。

（二）服务策略

走访、了解社区老年人需求，结合社区实际，利用一些传统节日开展有意义的手工活动，成立手工兴趣小组，扩大宣传，壮大社区手工队伍。

（三）服务程序

（1）结合社区卫生服务站开展的体检活动，每年为老年人提供健康保健服务；

（2）关爱老年人，深入了解他们的需求以及生活中遇到的问题；

（3）了解他们希望开展的手工课程，并鼓励他们积极参加；

（4）社会工作者尽力为他们提供展示平台，增强其自信心和满足感。

四、服务计划实施过程

（一）志愿者引导服务对象参加活动

发动社区卫生服务站志愿者为老年人体检，举办营养和保健知识讲座，向老年人宣传保健常识，引导他们走出家门参加社区活动。

（二）帮助老年人建立支持网络

同老年人家人交流，希望他们支持并鼓励老人参加社区手工活动；帮助老年人家庭“解除羁绊”，建立社会支持网络。

（三）制订计划，为老年人赋权增能

同老人交流，从他们的喜好着手，了解他们的需求，动员更多老年居民参与到社区手工队伍中来，增强参加活动的主动性和积极性，增强其自信心和满足感。

五、总结评估

“老年人手工活动”开展至今，颇得好评，目前，制作的手工各式各样，每一个都让人赞许。如丝绫堆绣—荷花、串苹果、丝网花、制作白菜、抽纸盒、葫芦、玫瑰花等。充分发挥了社区工作的功能，既解决了社区老年人孤独的心理问题，又培养了他们的艺术素养及动手能力，促进了他们的心理健康。

“老年人手工活动”是一个比较容易为老人接受的简单形式，今后需要继续按照贴近老年人、贴近实际、贴近生活的原则进一步探索和完善活动形式和内容，确保活动效果的持续性。让更多的社区老年人参与到活动中来。

六、专业反思

经验：手工活动容易为老年人接受，受到老年人的普遍欢迎。此外，社区内教授者会的内容较多，能够满足不同老年人需求，手工制作不仅可以动手，还可以动脑，对于他们而言，儿女工作太忙，没有过多的时间陪在左右，身边没有个可以说话的人，一些老伙伴坐在一起聊天、拌嘴，打发时光，令他们满足。大家纷纷反映，走出家门，参加手工小组，融进社区大家庭，在学习小工艺的同时，和其他朋友拉拉家常，整个人都更加开朗。活动还满足了老年人归属的需求、尊重的需求和自我实现的需求。

不足：随着越来越多的社区老年人参与手工活动，师资、场地变得紧张；同时，更广泛地开展手工活动，形式、内容需要社区继续挖掘资源，不断扩大服务面。

（作者单位：滨海新区北塘街道融创君澜社区）

附件：

融创君澜社区手工活动信息说明

融创君澜社区作为一个新型居民区，积极了解民需，倾听民意，以“奉献、友爱、互助、进步”为宗旨，丰富和充实广大居民群众的精神文化生活，为社区手工爱好者提供学习、交流的桥梁，为社区老年人增进邻里感情，同时，也为构建文体社区提供良好平台。

融创君澜社区自 2015 年 10 月起，每月举办一期手工课，由于社区内退休老人较多，子女们工作繁忙，闲暇时间需要得到有效利用。因此，作为社区工作者，在服务老年人这一群体上，我们积极商讨，开展每月一次手工活动。首先，我们充分服务老年群体，联合社区卫生服务站定期为老年人体检；其次，我们了解走访社区老年人需求，帮助老年人家庭“解除羁绊”，建立社会支持网络；最后，制订相应计划，开展社区手工课程，不仅缓解老年人生活单调的现状，又培养了他们的艺术素养及动手能力，促进了他们的心理健康。

目前，社区手工活动普及人群及受益群体较为广泛，现已组成手工兴趣小组，其中，最大的已有 77 岁。社区积极挖掘出一批心灵手巧的居民担任老师，受益人数从最开始的 15 人到现在的近 40 人，手工制作内容及形式也日渐丰富，珠子编织、丝绫堆绣、丝网花、不织布、手工艺品制作等。同时，我们广泛利用各节日，应时应景，开展各类活动：重阳节传承悠久历史——丝绫堆绣；感恩节制作丝网花表感恩之情、献感谢之人；平安夜编织苹果寓意“平安”；春节编织葫芦挂件，此外，还有编织白菜、抽纸盒、玫瑰花等，每一项手工内容都使社区夕阳红老年人其乐融融。

今后，我社区居民委员会将按照“用心、完善、提高”的总体要求，在“服务居民”上下功夫，更广泛地开展手工活动，同时，继续挖掘手工形式及内容，不断扩大服务面，力争为融创生活再添璀璨光环。

老旧小区的参与式治理

陈红红

近年来，老旧居民小区陆续出现硬件设施老化、物业管理服务水平不高、居民人文环境较差等问题，成为社区治理的薄弱环节。为进一步探索老旧小区综合治理模式，调动更多居民主动参与到小区建设中来，寻求解决老旧小区管理维护的根本性解决方案，开发区紫云社区工作人员策划实施了老旧小区参与式治理项目，短短两年时间，荣鑫园小区发生了翻天覆地的变化。

一、背景介绍

荣鑫园小区始建于1998年，分三期建成，小区共计571户，有1栋高层和13户底商，常住人口1015人。多年来，小区居民投诉不断，环境脏乱、道路不平、底商扰民、油烟污染、车辆乱停乱放等很多问题都成为矛盾焦点，物业费收缴率不足60%，物业工作难上加难。也因为前业主委员会不履职，与物业公司之间缺乏有效配合和相互监督，致使三栋楼的楼顶漏雨，申请专项维修资金都不能完成，像此类直接关系居民日常生活的矛盾问题还有很多，居民意见很大，群租户也越来越多，小区陷入了恶性循环，成为开发区有名的“老大难”小区。

二、分析预估

居民的投诉和意见集中在小区出现的问题上，这些问题也成为很多居民不交物业费的借口，同时，前任业主委员会无法发挥有效作用。针对这一情况，要有效治理这个小区，解决小区存在的矛盾焦点问题成为赢得居民信任的核心，而成立新的业主委员会组织，成为解决这些问题的必然路径。

同时，如何让业主委员会真正走上规范化自治之路，如何整合各类资源妥善解决小区存在问题，如何在问题解决过程中有效调动居民参与，如何让居民在参与中凝聚社区精神，传播社区文化等，都是项目实施重点关注的焦点问题，也是小区可持续发展的关键。

三、服务计划

（一）服务目标

成为老旧小区自治和可持续发展的典范。

（二）服务策略

通过实施参与式治理，深入挖掘社区居民骨干，提升业主委员会工作能力和水平，务实解决小区存在问题，并通过撬动社区内部资源，培育小区内生力量，搭建起居民有效参与的平台。

（三）服务程序

1. 挖掘居民领袖，健全业主委员会组织。
2. 发挥业主委员会作用，切实解决小区问题。
（1）广泛收集居民意见，了解存在的问题和需求；
（2）制订工作计划，解决小区矛盾问题。
3. 整合多方资源，搭建居民参与平台。

四、服务计划实施过程

（一）健全业主委员会组织

社区积极物色居民骨干，2014 年 3 月，荣鑫园小区依法依规选举了新一届业主委员会，共 7 人，其中有 6 名党员。社区居民委员会义务制委员孟茹当选为主任。

业主委员会成立后，先在内部建章立制，明确分工。孟茹作为主任抓全面工作；乔文清副主任利用特长抓施工建设；李桂玲退休前是建行财务，负责财务管理；杨淑芝退休前在从事教育工作，负责档案管理及居民来信来访；林万霞退休前在单位是文艺骨干，负责小区文艺宣传；蔡进退休前在单位是机械师，在小区负责安保巡逻。大家分工明确、发挥优势、各司其职。

领导班子搭建起来后，通过积极参加业主委员会联合会的交流学习，大家也明确了工作思路，对建设好小区有了信心。

（二）发挥业主委作用

1. 广泛收集业主意见。

在社区的指导和支持下，业主委员会全体人员把33个楼门分摊，联系各个楼门长，广泛收集各个楼门反馈的建议和信息，并据此制订全年的工作计划。

2. 务实解决小区问题。

（1）安装对讲门。由于这需要居民自掏腰包，阻力较大，业主委员会成员都发挥正能量，同楼门长挨门挨户收安装费。大家不厌其烦做了大量的工作，原本不交费的同志逐步理解安装楼宇门的必要性。通过两个多月的努力，全小区33个门全部安装了对讲门。

（2）修复路面。经过业主代表讨论研究并同物业商量，使用应急资金修复小区坑洼不平路面和丢失的井盖，在物业配合和大家的努力下在一个月便达到验收标准。

（3）维修漏雨楼顶。业主委员会和楼门长一起跑票签署申请大修基金表决票，维修3栋楼的楼顶，解决了3年物业都没完成的跑票工作，在雨季来临前解决了居民的屋顶漏雨困扰。

（4）停车位管理。对小区车位进行了划分，尽最大努力划分出停车位，采取有车位与临时车位相结合的方法，改善停车位存在的尖锐矛盾。

（5）新建门卫室。把车位地锁收的费用全部投入到小区门卫建设中，原小区的传达室很小，冬冷夏热，因条件限制，招不到像样的保安人员，只有几位岁数很大的老同志顶班。居民意见很大，后经业主委员会研究决定盖一座像样的门卫室，如今门卫室盖好了，改善了门卫的基本条件。

（6）安装监控设施。因为几年来荣鑫园盗窃严重，业主委员会想到了应该安装监控设施，但是申请大修基金规定，从未安装的监控设施不能申请应急基金。所以业主委员会跟物业深入沟通，最后物业同意拿出 3 万元安装 8 个点位的监控，第二步再追加点位，现在点位布置在主要地段，有了监控，减少了矛盾的发生，有两次车刮碰现象都通过调看录像使问题得到合理解决。

在此基础上，业主委员会再接再厉，实施“一路一带”和“让小区亮起来”工程，以提升环境卫生水平为抓手，先后召开如何让居民满意楼内卫生现场办公会；彻底清理 5 号楼楼道垃圾，畅通消防通道；彻底清除 9 栋 5 门加工外卖隐患，还居民安静生活环境；协调相关部门清除黄海路桥底下多年污垢，让过往居民舒适安全。现在再走进荣鑫园，很多人会感慨地说“好干净啊”“这还是以前的荣鑫园吗”，通过解决问题，业主委员会赢得了信任。

（三）推动居民参与

1. 整合资源，搭建居民参与平台。

“小区是我家，建设靠大家”，只有居民都参与小区建设，小区才能发展得越来越好。通过积极链接社会资源，先后开展端午节包粽子、爱心企业慰问、派送爱心午餐等活动，通过“节日有祝福、困难有帮扶、爱心餐派送”等暖心行动，小区里营造了邻里互助的良好氛围，越来越多的热心居民涌现出来，在 11 月第一场大雪后，很多老同志站出来参与清扫积雪。

同时积极与周边小区联动，开展“我们都是好邻居”品牌活动，以文艺演出为载体，加强小区与小区之间、本地居民与外来户之间的融合；通过互动交流，对业主委员会整体工作水平提升、小区各类问题的解决也有极大的推动作用。

2. 培育社区内生力量建立组织。

在问题解决和各种活动中，积极引导居民，成立各类社区社会组织，增强居民民主参与意识，优化小区自治建设格局。

（1）楼门长（业主代表）组织：健全楼门长队伍，确保每一个楼门长都能发挥作用，定期或不定期地召开业主代表大会，让楼门长积极参与意见收集、出谋划策等工作，推动自治氛围形成。

（2）志愿者：结合爱心送餐、巡逻等工作，小区建立起志愿者队伍，并发动退休人员、退伍军人充实到志愿者队伍中，凝聚小区志愿奉献精神。

（3）建立自组织：结合小区存在的各种问题，有意识引导居民建立各种自组织，实现自我管理、自我服务。比如荣鑫园3号楼临近新港四号路，因无人走动，多年来，一楼业主随意摆放浴缸、坐便器、泡沫箱等用来种菜，并搭建各种种植架，形状不一、材质不一，严重影响了小区环境；同时，经常有居民随意堆放纸壳、废弃家具等堵占消防通道；垃圾、宠物粪便随处可见，成为卫生死角，物业也进行过清整，但是居民还是会摆放出来，效果不能持久。为彻底改变这一遗留多年的环境卫生问题，在小区业主委和热心居民的共同努力下，成立了“3号楼卫生自管小组”，家住3号楼退休的老党员刘大爷担任小组长，通过宣传发动，形成了管理规约，每家每户清理了自己乱堆乱放的物品，并对种植箱大小、摆放等进行了规范，现在3号楼楼后环境整洁焕然一新，自管小组的作用初见成效。下一步，社区将继续加强引导，并结合种植成果分享、厨艺比拼等活动形式，使这条绿色种植长廊变成邻里交往的亲情长廊。

五、总结评估

老旧小区参与式治理项目在荣鑫园等小区存在多年“顽疾”的背景下应运而生，结合开放空间、社区过程介入、地区发展模式等专业社会工作方法运用，很多问题得到彻底根治，居民对小区的认可度和归属感大幅度提升，物业费收缴率也大幅度提高。同时，健全的小区业主委员会组织和各类自组织逐渐形成，小区建设越来越好，基本实现了最初设定的目标。

随着项目的深入开展，小区业主的自治意识和自治氛围也逐渐形成，很多居民主动走出家门，愿意参与到小区志愿服务中来；通过不断挖掘志愿者参与楼门长等各种组织中，进一步增强了居民的归属感和主人翁意识；通过培育社区领袖，很多居民成为社区自组织的骨干，增强了社区的凝聚力和战斗力，搭建起小区建设人人参与的平台，摒弃了老旧小区改造“找政府、等靠要”的思想。这些无疑是对老旧小区综合治理模式的积极探索。

六、专业反思

从项目成果来看，运用参与式理念开展老旧小区改造的探索无疑是成功的。首先，用专业的工作方法介入小区存在的问题，通过培育发展业主委员会组织为项目的顺利进行奠定了良好的基础；其次，项目的实施融合了多种社会工作方法，在一系列项目的设计中，充分尊重小区业主的主体性，为小区业主搭建平台，实现了预定的目标；又次，对推动建立起“优势主导的三社联动模式”也有一定的借鉴意义。通过明确社区治理中居民委员会、社工和业主委员会三方发挥优势的角度和着力点，形成良性互动机制。居民委员会负责牵头推动，通过向业主委员会赋权、推动互助交流和建立社区协商议事会等途径，促进业主委员会在参与中发展成长；再次社会工作者负责专业指导，运用开放空间等参与式方法，以居民需求为导向，组织召开多场次老旧小区发展提升讨论会，不断激发社区活力；最后业主委员会负责小区自治，组织发动各个小区居民骨干和楼门长切实发挥作用，实现共谋共管。

（作者单位：天津开发区紫云社区）

共建和谐社区典型案例

李　英

一、背景介绍

卫华里社区坐落在卫津路、河沿道、四号路、同安道圈围的区域内，在三区交界处，东邻河西区，西邻南开区，与南开大学、天津医科大学相邻，和平艺术中学也坐落在小区内，占地面积7.62万平方米，绿地面积2286平方米，是产业工人集中的社区。社区有住宅楼24栋，101个楼门，常住人口3876人、住户1533户，流动人口457人，外国籍74人。社区环境整洁优美、文化氛围浓郁，坚持以构建和谐社区为主线，致力于全力打造“文化惠民型”优质社区。

天津市和平艺术中学位于河沿道，紧邻卫华里17门至22门，这几个楼门的居民以老年人居多，平日深居简出。校舍整修后，新安装了部分教学使用设施，其中上、下课铃声音频较高，声音大，响动频繁且没有预兆，使得附近居民受到噪音困扰，严重影响了老年居民平日里正常的生活与休息。

特别是居住在卫华里17门101室的居民卢某，家中母亲身体不好，多年依靠药物维持，更需要家人长期照顾，失眠并有心脏病，需要静养，每天听到校铃频繁的声响，心情都很烦躁，心神不宁，因此多次与其他受到噪音困扰的居民一起找和平艺术中学相关负责人进行理论，可能是居民们由于情绪激动，叙述不清，使得对方不能清楚了解其到访意图，未作出进行调整的承诺，居民们恼羞成怒，当即找到居民委员会要求处理此事，希望还自己安静、健康的生活环境。

二、分析预估

和平艺术中学铃音分贝较高，响动频繁，影响周边居民的正常生活。

三、服务计划

（一）服务目标

为服务对象解决矛盾纠纷，共建和谐社区。

（二）服务策略

1. 运用社会工作研究方法，发挥网格化管理的优势，深入了解居民意见。
2. 运用个案及小组工作方法，处理矛盾纠纷。
3. 运用社区工作方法，整合资源，为建成“文化惠民型”和谐小区奠定基础。

（三）服务程序

1. 运用小组工作方法，听取其他居民住户的意见反馈，必要时借助楼长作用，召开议事会议，统一思想。
2. 及时挨家入户核实情况的同时，与社区单位进行友好的沟通协商。
3. 对有必要的住户进行个案工作，解决与社区单位之间的矛盾纠纷，达成一致。
4. 做好事件后续跟进工作，协商调解至双方满意为止。
5. 以此事件为契机，团结社区居民以及社区共建单位，加大宣传力度，调动参与社区活动积极性，共建和谐社区。

四、服务计划实施过程

社区接到求助后，先稳定居民的情绪，给大家每个人都倒了一杯水，让大家坐下来平复一下心情，厘清思路，弄清事情的原委。在清楚了两方的矛盾焦点后，社区工作人员并没有着急去与和平艺术中学进行沟通，而是先安排该网格主任对社区内其他要到学校理论的居民进行劝阻，然后在卢某陪同下，入户安抚病人情绪，同时，便对其反映情况的真实性进行核实。通过亲身感受，确实如居民所述，定时性的高频响铃，极大地影响了居民的起居生活，故该网格主任当即拿起电话，与和平艺术中学取得电话联系，详细告知了铃音扰民的情况，劝对方进行调整，学校表示同意，也希望居民能够理解，给予时间进行调整。居民对此回答表示认可，也感谢居民委员会工作人员的及时作为。

距该次沟通一周后，居民委员会管片主任对该事件进行后续跟进，询问居民该事件的处理调整情况，居民表示学校方面作了部分调整，但效果不明显，分贝并没有大幅度降低，扰民情况有所缓解但是依旧存在。得知这一情况，居民委员会就此事进行讨论，决定由社区主任带领社区工作人员、当事人、该楼门楼长一起到针对校铃扰民事宜的调解现场进行沟通协调，先与和平艺术中学的副校长、教务主任交流，指出阶段性高频响铃对家中老人的影响，又一起到操场、居民家中现场亲自体验，由居民现场指认造成扰民的音响的放置地点。学校耐心听取居民的诉求，对于居民存在误解的地方进行解释，对于该改进的地方承诺尽快解决。经过社区两个多小时的调解工作，和平艺术中学的相关负责人表示歉意并接纳了社区提出的建议，在不影响正常使用的情况下，采取了以下几项措施：第一，将适当降低声音分贝。第二，该铃只在必要时段使用。第三，在节假日时将声音开关关闭，以减少对附近居民正常生活的影响，减少邻里矛盾，促进邻里和谐。居民代表表示，对校方诚恳的答复非常满意，表示理解校方的为难之处，自身也会对家中进行适当的隔音保护，避免老人生活受到干扰。双方在协调成功的同时，也都非常认可社区的工作，居民们表示今后要多体恤学校工作的困难，维护好学校周围的环境，校方表示今后要更加积极地参与社区活动，共建和谐社区。

在 2016 年清明节之时，天津和平艺术中学就以行动兑现了承诺，该校组织同学走进社区，与社区居民们一同开展以“缅怀革命先烈、继承革命传统”为主题的文明祭扫活动，通过诵读先烈事迹，播放红歌，听老一辈志愿者讲述革命故事来缅怀先辈，进一步感受传统文化的魅力，将文明祭奠、低碳环保的理念感染给更多的同学们，引导身边人继承先烈遗志，珍惜幸福生活。

五、总结评估

通过这件事的完美解决，在让居民、社区单位看到社区工作的烦琐复杂的同时，更多的是希望大家了解社区工作，认可社区工作，配合社会工作。一旦社区居民的生活需要无法从社区内得到满足，实际问题与矛盾未能得到有效解决，他们将对社区失去信心与信任感，社区归属感将减弱，进而失去建设社区热情，而由于每个社区实际构成的差异，每个社区的居民需求与各群体间的矛盾各不相同，这需要最基层、最接近群众的社区工作者积极学习“三会四形五重点、六支队伍为骨干”的工作法，达成协商民主工作模式，整合社区资源，在给社区居民创建更美好的社区居住环境的同时，还要更多地开展文化活动，促进居民间的相互熟悉、相互沟通，了解居民最基本、最真实的需求，最终达到群众满意是社区工作的宗旨。通过社区工作解决居民的实际需求，民主协商，使社区居民树立对社区工作人员的信任，从而调动居民参与社区建设的积极性，这才是共驻共建和谐社区的基本良策。

六、专业反思

建设和谐社区，服务的对象是群众，依靠的力量是群众，和谐的源泉也是群众。卫华里社区一直响应“以民为本、为民解困、为民服务，困有所助、难有所帮、需有所应”的理念，把以人为本、服务群众作为全部工作的出发点和落脚点，从抓好群众最关心的事情入手，为群众办实事、解难题、做好事，充分了解民意，建立完善的社情民意通道，让群众矛盾不出社区，积极发挥各网格员作用，让群众充分表达利益诉求，切实了解居民需求，解决居民纠纷，深入社区单位，与社区单位形成良好友爱的共建互助关系。

（作者单位：和平区新兴街道卫华里社区）

富贵家园小区业主委员会工作案例

张桂霞

一、背景分析

富贵家园小区建筑于2011年，十五栋高层楼房，2088户单元房，是一个新型的物业小区，其中婚房占有一定的比例，前期物业公司是由产权单位聘用，到2013年居民已入住两年。

二、分析预估

根据《天津市物业管理条例》第十一条规定首位业主实际入住达两年以上应当召开首次业主会议，并且前期物业公司已经以书面的形式向街道办事处提出，由居民委员会组织召开首次业主大会、选举第一任业主委员会。目前社会上普遍存在着物业、业主委员会关系紧张问题，因此，居民委员会要处理好这些关系，指导、监督好物业、业主委员会的工作。

三、服务计划

（一）服务目标

1. 组织召开好首次业主大会。
2. 选出业主信任的业主委员会成员。
3. 指导、监督业主委员会、物业工作，让小区的建设和谐有序发展。

（二）服务策略

1. 大力宣传。以在社区的显著位置悬挂横幅、在每栋楼门口张贴通知、在电子屏上滚动播出等形式大力宣传富贵家园社区开始选举第一届业主委员的通知，做到家喻户晓。

2. 成立富贵家园小区业主委员会筹备组。

3. 筹备组严格按照物业管理条例，商讨召开业主大会的方式、成立业主委员会的具体操作。

4. 把各时期的工作情况张榜公布，包括通知、业主代表候选人的具体情况、业主代表、业主委员会候选人具体情况、业主委员会成员等，接受业主的意见及监督。

四、服务计划实施过程

1. 成立业主委员会筹备组，成员由街道负责城市管理的科长、居民委员会成员由一名及五名业主组成，并在社区显著位置张贴成立筹备组公示，接受业主的监督。

2. 召开第一次业主委员会筹备组会议，商讨当选业主代表条件，一致表示要把有责任心、懂法、懂财务、沟通能力强的业主选到居民代表和业主委员会中来，年龄最好是老中青结合。

3. 张榜公布参选业主代表的条件，接受有意向参选的业主报名和业主推荐人选。报名期满后，张榜公布参选人员名单。

4. 由于场地的限制，根据物业管理条例的规定，采取入户签订确认书的方式召开业主大会，筹备组委托居民委员会入户进行签订，以得票数超过应投票人数的半数以上方可当选业主代表。

5. 把选出的业主代表张榜公布，听取全体业主的意见。

6. 张榜公布期满没收到反对意见，由筹备组主持，居民委员会召集选出的业主代表 35 人召开业主大会，投票选举业主委员会成员 7 人，候补委员 2 人。

7. 张榜公布业主委员会成员名单。业主委员会开始工作，筹备组解散。

五、总结评估

每大约60户选出一名居民代表。业主委员会的7人中60岁以上2人，50岁以上3人，30岁2人，实现了老中青结合。其中一名本科学历，一名硕士研究生，一名懂建筑的监理人员；优秀志愿者、滨海新区好人榜的王大爷当选为主任。

六、方案的社会影响

业主委员会选出来以后，居民委员会并没有万事大吉，由于是第一届业主委员会，大家对业主委员会的工作很陌生，物业管理员及时与业主委员会沟通，指导他们学习物业管理条例，提出要严格按照物业管理条例工作；指导业主委员会按照程序选聘大家满意的物业公司。物业公司进驻以后，帮助协调物业、业主委员会的关系，物业公司每半年召开一次业主代表大会，由物业经理向业主代表汇报半年来的工作以及下一步的工作打算，年底公布账目，年底的业主代表大会上对业主委员会、物业公司加以肯定，并指出不足。业主委员会主任每星期六上午在业主委员会接待业主的来信来访并加以梳理，是物业的问题反馈给物业，并监督执行；物业公司解决不了的反馈到居民委员会，寻求居民委员会的帮助。

富贵家园小区婚房很多，也就意味着年轻人多，年轻人多使用网络的人相当普遍，物业管理员抓住这个机会，以真实的身份申请加入了富贵家园业主QQ群，利用这个平台宣传政府的政策法规以及居民委员会发布的各种通知，得到了大家的认可，并通过聊天了解到有些人对物业公司工作存在误解，以为我交了钱了，物业公司就得啥都管等，物业管理员及时加以解释，并及时和业主委员会、物业进行沟通，及时化解矛盾。在居民委员会、业主委员会、物业公司的共同努力下，富贵家园小区2014年被评为天津市优秀社区，物业的收费率达到99.5%，2015年创建的30个文明楼门保持良好，居民和谐融洽，环境干净富贵，社区稳定发展。

（作者单位：滨海新区塘沽街道联合村社区）

新居民　新体制　新创新

王　静

一、背景介绍

随着城市的发展，大量的外来务工人口进入城市，为城市建设作出重要的贡献，然而他们在陌生的大城市仍然处于“边缘”状态。据统计，在我社区非津户籍人口数量早已远远超过户籍人口。如何完善外来务工人员的服务网格建设，如何解决外来务工人员的生活状况、生活条件、城市户口、医疗保健、子女就学、住房等一系列问题，已成为当下社区建设绕不开的一个重要内容。在构建和谐社会的大背景下，怎样更好地帮助这些外来务工人员的子女融入社会、健康成长已引发社会的普遍关注。

二、分析预估

通过深入外来务工人员家庭，对他们进行实践调查，了解他们的生活现状和困难，及时发现存在的社会问题，对外来务工人员作出如下界定：

1. 工作时间普遍较长。究其原因主要是某些私营、个体业主追求高效益，而务工人员也为了挣更多钱主动延长工作时间。

2. 业余生活单调。他们工作之余的主要娱乐方式仅为看电视，几乎没有其他的娱乐活动。然而外来务工人员不仅是物质财富的创造者，也是文化财富的创造者。外来务工人员的文化权益应该得到全社会的关注。并应积极营造一个适合流动人口消费的文化娱乐环境。

3. 劳动报酬偏低。在社会各界的关注下，流动人口的报酬总体上大有改善，但是少数企业仍然存在克扣或拖欠报酬的现象，外来务工人员并未和企业签订任何劳动合同或协议，有些农民工只要有活干，有钱挣就行了，签不签合同在他们看来关系不大，非常缺乏自我保护意识。

4. 正当权益缺乏保障。（1）流动人员自谋职业中被各种税收和费用所困，如工商税、体检费、健康证及卫生许可费用等，这些相关费用流动人员都希望能有所减免。（2）新型合作医疗保险很受流动人员欢迎，他们愿意积极参保，但是属地原则则制约了该项保险的落实。

5. 住房缺乏保障。大量农民工进城，住房问题成了一个非常严峻的问题，由于户籍、岗位和技能等制约，流动人口从事的多是最脏、最重、最险、最累的活，劳动条件差，劳动时间长，劳动报酬低，因此大多数农民工居住在简陋的出租房里，居住条件较差。

6. 外来务工子女入学难。据了解农民工子女受教育的问题也是一个很让他们头疼的问题。很多外来务工人员认为其子女入学手续烦琐。

三、服务计划

（一）服务目标

为破解基层流动人口服务管理难题，海宁里社区不断创新流动人口服务和管理模式，探索创建了新居民互助服务站模式。通过为社区“新居民”——流动人口提供居民式待遇、互助式服务及自治式管理，实现对流动人口与本地居民共同管理、共同服务、共同教育的工作目标。

（二）服务策略

根据流动人口分布区域的特点，新居民互助服务站主要有楼房区、出租门脸、集贸市场等几种类型，楼房区“新居民互助服务站”由社区党组织书记、居民委员会主任担任站长，指导工作，流动人口管理员任服务站副站长，下设新居民活动中心、新居民计生协会、新居民法律服务工作站等组织。创新“五员”工作模式，结合楼房小区流动人口自购房多、经济收入较高、流动人口文化素质相对较高、参与社区生活意愿强等特点，产生互助服务站的计生服务员、矛盾调解员、卫生监督员、治安安全员、活动联络员，组织和引导流动人口参与社区各项活动。

（三）服务程序

概括起来，新居民互助服务站有三个特点：一是居民式待遇。即实行流动人口与户籍人口同管理、同服务、同教育，在政策许可范围内解决流动人口在生产、生活、就业、就医、就学等方面的实际困难，切实保障他们的合法权益。二是互助式服务。即在新居民互助服务站成立互助服务队，推行流动人口的互助式服务，发挥流动人口自治组织的枢纽作用，开展互助服务。三是自治式管理。即在街道、社区指导下，流动人口自主开展自我教育、自我管理、自我服务，实现管理与服务结合、寓管理于服务之中。

四、服务计划实施过程

（一）活动内容

根据社区的实际情况，因地制宜地开展流动人口服务活动。

1. 免费提供法规政策宣传资料和计划生育避孕药具。
2. 免费拨打相应部门咨询热线电话。
3. 免费服务新居民求职信息登记。
4. 代理接收新居民邮件。
5. 代理收集反馈新居民意见建议和社情民意。
6. 开展面向新居民志愿服务的信息传递。
7. 开展法制、文明、安全素质提升等知识宣传。
8. 开展其他便利新居民的服务。

（二）活动要求

1. 加强组织领导。新居民互助服务站建设是一项服务新居民更是一项加强社会管理的创新工作。为此，社区要重视新居民互助服务站创建工作，成立相关的专项工作领导小组，负责抓好新居民互助服务站创建、管理工作。

2. 加强宣传发动。要加大宣传力度，通过宣传窗（栏）、黑板报、横幅等对建立需求服务站的目的、意义、工作宗旨和服务内容进行宣传，使广大新老居民和有关部门对互助服务站有深入了解，充分调动广大干部群众的积极性，形成上下合力推进的良好局面。

3. 狠抓工作落实。新居民互助服务站创建工作是社区新居民事务系统今后几年的主要创新工作。要树立精品意识、品牌意识，加强协调，密切合作，积极发挥主观能动性，按照各自职责抓好各项工作的落实，真正提高新居民服务与管理工作水平。

五、总结评估

外来务工人员进入城市是不可逆转的一股洪流，是社会发展的必然趋势，只有采取措施对他们进一步培训、规范，营造更利于他们生存的环境，使其尽快在城市里落脚，让他们与城市居民和谐共处才能为社会创造更多的物质和精神文明财富，才能更好地描绘未来城市的蓝图。

“新居民互助服务站”的成立，是加快推进社区建设发展的新起点，我们一定要紧紧抓住建设和谐社区的机遇，立足新起点，找准新的坐标，以更加先进的理念，更加振奋的精神，更加务实的作风，为打造更优秀的社区，培养更优秀的居民谱写更加辉煌灿烂的新篇章。

六、专业反思

对于社区外来务工人员的问题，社区工作人员运用了资源链接、推动居民参与、居民能力建设、建立社区支持网络等社区工作方法，使外来务工人员卸下心理负担。通过对流动人口城市融入相关服务、劳动就业服务、流动儿童服务、计划生育服务使流动人口真正得到帮扶，为他们解决了实际问题。但今后如何更好地帮助流动人口仍是重点，帮扶还没有真正结束。能够让社区流动人口过上有保障的生活，是社区居民委员会最大的心愿和努力方向。

（作者单位：滨海新区塘沽街道海宁里社区）

新建社区管理现状与对策研究

郑立云

一、背景介绍

滨海新区新河街威海路社区居民委员会筹备组建于2014年9月。威海路社区管辖的范围是东至威海路，北到云山道，西至西中环，南至京津塘高速，小区面积是0.88平方千米，40栋，69个门，由两个自然小区组成，分别是津海湾小区和盛景花园小区，总户数为2278户。面对新成立的社区，社会工作者依托社区服务中心、社区服务站、了解社区居民和服务对象的生活环境，把握问题，社区资源和文化背景，为社区居民提供多元化服务。

二、分析预估

对于新成立的社区来讲，最核心体现就是社区居民参与，因为人是社区建设中的决定性因素，没有居民的广泛参与，再丰富的物质资源也不可能得到利用，居民参与社区问题解决会更有效率，可见社区居民参与非常重要。

三、服务计划

社区是一个相互关怀和照顾的网络，社区服务能够满足社区居民生活、心理、情感、社交等多元化的需求。因此，社会工作者从重点发展和强化社区居民之间的互动、互助的关系，提升居民的自主能力，既能解决社区居民的个人问题，也解决社区的共同问题，增强社区居民的归属感。

（一）服务目标

1. 促进居民参与解决自己的问题，改善生活质量。个体化的居民一般缺乏处理社区危机问题的知识和能力，但通过学习可以获得这种知识和能力。社区工作者要鼓励社区居民参与解决问题，帮助他们获得或提高自我解决问题的知识和能力，多举办社区应急知识培训、科普知识培训等活动。

2. 改进社区关系，改变权利分配。社区工作者要鼓励受到问题影响的居民，主动地反映和表达自己的意见，从而使社区资源和权利达到比较合理的水平。

3. 提升居民的社会意识。要使居民意识到表达自己意见是一种权利，并使居民认识到面临的问题并不是个人的问题，而是和整个社会的经济、政治和文化等相关的社会问题。

4. 发挥居民的潜能。社区工作在于促使社区居民的集体行动，以此提高居民的自我解决能力，发挥居民的潜能，更好地实现自己应有的权益。

5. 培养互相关怀及社区照顾的美德。社区工作要促使居民相互交往，从中体会到互相帮助与群体的力量，这样能够降低居民对社会的疏离感，最终促成一个相互关怀的社区，达到社区照顾和社区支持的目的。

6. 加强居民对社区的归属感。社区工作在于增进居民对社区的关注和促进居民的生活更加丰富和幸福，以此增加居民的社区归属感。

7. 善用社区资源，满足社区需要。社区工作在于将社区资源与社区需要协调匹配，使社区资源能够得到充分的利用，使受到帮助者得到有效和高质量的服务。

（二）服务策略

对于新成立的社区来讲，社区工作者的角色非常重要。一是项目规划者的角色：指工作者担当专家的角色，完全依靠技术理性，来调查社区问题，分析社区事实条件，评估社区方案，规划社区服务。二是监督实施的角色：指工作者主要扮演项目执行过程中的监督、反馈和协调的角色。三是专业人员的协调角色：是指工作者不是扮演专家的角色，而是主动服务于各个专业的技术人员，保证不同专业协同合作，共同完成社区服务、社区建设的任务。四是动员居民参与和反馈意见的角色：这是指工作者仍然偏重于动员居民和社区组织参与相关部门的社区建设策划，并提出自己的需求和意见，接受相关的服务，并就服务方案提出改进意见，通过这四种角色的转换做到服务社区居民。

（三）服务程序

一是进入社区，在这一阶段中，社区工作者需要做准备工作以便进入社区。例如，熟悉社区及周边的环境，与人交谈结交朋友，接触留意社区正在发生的事情，拜访一些社区机构，进行自我介绍，获得认同。二是了解社区。在这一阶段中，必须更多地了解社区，发现事实、收集资料、汇集社区档案或对社区需要和资源进行评估。三是建立关系，与社区居民建立联系和将人们集合在一起。在社区工作过程的阶段中，需要注意：并不是每一个社区工作者都要介入所有的工作过程，这里提供的只是基本的框架，社区工作者可以根据实际情况修正。威海路社区居民委员会筹备组首先建立居民户籍，入户登记居民家庭情况，细心掌握居民群众中的困难户、老年人、残疾人、单亲家庭等困难群体，做到摸清底数，为社区以后的发展打下基础，再以开展活动的形式把居民群众联系在一起。

四、服务计划实施过程

社区工作人员利用地区发展模式的特点及实施策略地区发展模式。首先较多关注社区特别重视居民的参与，促进居民之间的交流。针对社区居民之间的冷漠和疏离所采取的策略是促进团结邻里，针对社区中部分邻里关系不好而采取的策略是加强邻里间的沟通，实现邻里关系的改善。例如，通过举办“三八”妇女节活动，增加妇女之间的关系。与物业一起举行“卫生大清整活动”解决楼道杂物堆放、无人打扫的问题，同时制定和宣传“楼门（单元）文明公约”，培养居民爱护和维护公共空间的意识。大力开展社区教育，解决居民对社区资源不熟悉或陌生方面的问题和培养居民骨干。此时社区工作人员扮演教育者，社区工作者通过开展宣传与培训，帮助居民掌握解决问题的技巧和组织能力，培养积极参与和自助互助的精神。这样就能营造良好的社区氛围，提高居民的能力，推进社区民主。威海路社区在社区居民中实施服务过程中，充分了解社区居民的情况，人员结构。经过调查了解了社区的实际情况。一是发现小区内青年人比较多，且外地分配来津工作的1985年后的大学生比较多，0～3岁的儿童比较多，他们家庭大多为从外地过来的父母帮忙带孩子。小区根据这些特征制订服务群众方案将服务资金项目一部分钱用于儿童的活动中。二是小区内存在新型小区比较普遍的问题，就是开发商与供热公司没有交接供热工作，形成了居民交供热费给供热公司，管理还是开发商两下分开的局面，这样一来居民家中的暖气不热问题就不知找哪里解决。筹备组便与物业公司联系，多次去供热公司协调并与开发商主管领导协调，解决了居民家中暖气不热的问题。

五、总结评估

筹备组进入小区后，本着协调关系、摸清情况、完善功能、服务居民的总体思路开展工作。筹备组在街道党工委、办事处的正确领导支持下，全体成员以高度负责的精神和积极认真的态度，同心协力，上为街道分忧，下为居民服务，以打好基础、完善功能为目标。用社区专业工作知识，克服了人员不足，事务繁多困难。到目前，小区管理有序，入住居民生活有序，社区环境较为整洁。在工作期间筹备组毫不松懈地把保安全、求稳定作为社区的头等大事，随时巡查，排查小区安全隐患和不稳定因素，发现问题及时处理，基本做到了消除隐患在先、化解矛盾在前。对物管工作，我们经常提出意见建议，强化责任，使物管处严格了内外管理，基本做到了清扫保洁不留死角，小区垃圾日产日清，给居民群众营造了较好的生活环境。

六、专业反思

中共中央办公厅、国务院办公厅关于转发《民政部关于在全国推进城市社区建设的意见》的通知（中办发〔2000〕23号文件）中就明确提出

“坚持政府指导和社会共同参与相结合，充分发挥社区力量，合理配置社区资源，大力发展社区事业，不断提高居民的素质和整个社区的文明程度，努力建设管理有序、服务完善、环境优美、治安良好、生活便利、人际关系和谐的新型现代化社区。”我国有着和谐共识的传统文化基础，注重乡土意识和邻里互助，又加上政府对基层社区高度重视居民自治的基层民主建设，这些都是适合社区发展模式的有利条件。

通过威海路社区筹备组一年多的经验，本文提到的地区发展模式比较适合新建小区的工作中的应用，但是无法解决整体资源分配不均及制度不合理所产生的社区问题；以及调解不同利益群体的手段不足；民主参与导致的成本高而效益低。

（作者单位：滨海新区新河街道威海路社区）

发挥居民自治　共建美好家园

孙婉君

一、背景介绍

新建里小区建于1988年8月，东邻江西路，西邻新北公路，南面为杭州道，北面为广州道，占地面积0.07平方千米，小区内共有楼房14栋35个门，现有居民540户1566人。院内居住的居民结构比较杂，大多为上了年纪的老年人和外来打工出租的临时住户，人口流动性大，贫困户、下岗失业人员较多。

自2007年6月新建里社区物业公司撤离以后，这几幢楼没有打扫卫生的专职人员，院内卫生极差，经常有人从窗口向楼下乱扔垃圾，甚至在楼道里大小便，社区居民委员会的工作人员经常到这里打扫卫生。而这几幢楼，无防盗门，治安较差，经常发生偷盗事件。居民常常为一点小事而吵闹不休，互不相让，为一点小矛盾就找到社区调解委员会，要社区工作人员帮助解决问题，致使社区居民委员会的管理十分困难，工作难以开展，同时居民的意见较大，多次提出要解决这几幢楼所存在的诸多问题。

二、分析预估

针对以上情况，居民委员会认真考虑居民反映的情况，反复思考如何解决这个没能彻底解决的“老大难”问题，积极寻求一个有效的解决方案。在和居民进行沟通后，大家一致认为，只有成立管理体系，建立居民自治服务网络，让居民实行自治，才是彻底解决所有问题的办法。于是，居民委员会所有成员共同努力，开始着手协助这几幢楼居民成立自治组织的相关工作。

三、服务计划

(一) 服务目标

社区是社会的基本细胞，是政府和民众沟通的桥梁，社区的和谐是构建和谐社会的重要组成部分，而发展社区居民自治是构建和谐社区的必然趋势和选择。

(二) 服务策略

实行居民自治，让居民自己来管理自己的事情，真正符合社区居民内心愿望、及时化解社会矛盾、推动基层民主建设，从而畅通民意表达渠道。

(三) 服务程序

1. 居民自选，成立居民自治服务网络。
2. 广开言路，制定相关制度。
3. 各方协调，解决矛盾。
4. 征求意见，完善管理。

四、服务计划实施过程

(一) 居民自选，成立居民自治服务网络

居民委员会首先在每幢楼前张贴了成立居民自治服务网络的通知，要求每幢楼推选一位楼门长组成服务网络管理小组，在居民委员会班子和居民的多次协调、动员下，每幢楼都推选出了大家信得过的代表。随后居民委员会将推选出的代表名单在楼道前进行了公示，最后得到大家的一致同意。

（二）广开言路，制定相关制度

居民自治服务网络构建起来了，相关的规章制度也应该及时出炉，居民委员会广开言路，认真听取居民的意见，集思广益，共同制定出楼道管理制度、收费制度，并张贴在各楼道内。每天下午 2 点至 5 点在社区内实行“自治保洁”，保洁队伍全部由社区内生活困难人员组成，既解决了他们的就业和生活的实际困难情况，也实现了社会效应和个人收益双赢。他们负责每日打扫楼道一次，每日擦楼梯扶手一次、每周擦洗楼梯一次，每月擦楼道玻璃一次。收费制度确定了由当选的居民代表和楼门长每半年到每户收取 60 元钱作为自治保洁管理费，并为居民开具收据，做到财务公开透明。

针对小区治安问题，新建里社区于 2009 年小区改造之际，协调城建相关部门，为每个楼门安装了电子防盗门，既起到了楼门的保温作用，又能在一定程度上确保居民安全。

2014 年，在党的群众路线教育实践活动中，新建里社区积极联合帮扶单位，在小区重要地段，安装了 10 个电子摄像头，对犯罪分子起到震慑作用，确保居民的生命财产安全。

成立辖区多个志愿者队伍，组建社区治安巡逻队，定期在小区内开展巡逻排查工作，记好巡查日记，将安全隐患及时发现，及时排除。确保辖区居民生活在平安、祥和的社区环境中。组建护绿志愿队，由志愿者组成队伍，定期对小区的绿化环境进行维护，修树除草、卫生清整、清除小广告，都成为了他们的主要工作任务。组建设施维护志愿队，由辖区的电工、水暖工等技术工种人员组成队伍，免费为辖区破损设施进行维修、护理。

（三）各方协调，解决矛盾

虽然居民自治服务网络建立了起来，但是各种矛盾却不断地凸显出来，比如，自从安装了防盗门后，许多人认为很不方便出入，要求不关门；有的住户无视管理制度，不交管理费等。针对这些矛盾，居民委员会定期召开座谈会，请提出意见的居民和楼门长参加会议，把问题摆在桌面上，大家一起分析、解决问题。调解委员会工作人员还会对居民做了大量耐心细致的说服教育工作，将各种问题都尽量地加以解决，让居民理解支持居民委员会的工作。

（四）征求意见，完善管理

在服务网络成立后，居民委员会每季度召开一次居民代表大会，征求居民对服务网络运行情况的意见和建议，并且对居民提出的问题作了进一步的解决，使楼道的管理更完善，更能取得居民的支持。

五、总结评估

服务网络建立后，虽然一开始遇到了诸多的问题，出现了一些意想不到的矛盾，但社区居民委员会通过各方调解，终于将各种矛盾化解，使得工作正常开展下去。楼道内的卫生得到了彻底的清扫，垃圾不再堆积如山，偷盗的事也减少。巡逻小分队发挥了很大的作用，保护了小区的治安，大家能够互相帮忙，互相关心，一户有难，全楼相助。电子摄像头的安装，起到了震慑作用，有效地减少了辖区犯罪案件的发生。居民们切身感受到了有这个服务网络的好处，同时也更支持社区的各项工作。

六、专业反思

社区工作面临着许多新的矛盾和挑战，有很多小区没有物业公司管理，也没有成立业主委员会，这些都是导致小区不和谐的因素，应该在这些因素处在萌芽状态时，就要协调解决，让不同的意见表达、沟通与交流，最终达成一致。充分发挥社区居民自治的作用，完善居民自治组织，使社区成员通过社区自治组织进行自我管理、自我教育和自我服务，满足政府和市场难以满足的社会需要，参与解决社区发展问题。

社区利益主体的多元化，决定了人与人、人与社区组织、社区组织之间、社区组织与政府部门之间难免发生利益冲突，协调好相互之间的利益关系，是至关重要的。加上社区内的居住人员比较混杂，不同群体的利益很难兼顾，社区居民对社区的归属感和认同感不够，仅为一点小事就互不相让，这时更需要倾听各方的声音，均衡各方的利益，寻求一条大家都能够接受的利益最大化的解决方法。

社区居民是社区的主体，和谐社区的建设因之于居民、依靠于居民。社区作为社会的细胞，是政府沟通基层社会的中介和桥梁，只有在社区实行居民自治，保障居民们行使自己的权利，按照自己的意愿选举出自己满意的自治组织，让居民通过居民会议来讨论决定自治区域内的所有大事，才能反映大多数居民的意愿，避免居民的权利被僭越，达到民心顺畅，从而形成社区内真正的和谐，并为维系社区的长久和谐提供必要的制度保证。

（作者单位：滨海新区新河街道新建里社区）

贴心服务　打造美丽社区

金湾花园社区

一、案例背景

为了提升社区环境形象和品位，金湾花园社区居民委员会对社区杂草丛生的18号楼至19号楼空地进行景观提升改造，提高社区绿化率，美化社区人文居住环境，打造属于群众的“社区小广场”。小区个别居民担心提升改造会带来巨大噪音污染和清理私种树木，坚决不同意改造方案，并且言辞强硬、态度蛮横，经常在居民委员会躺地不走，严重影响居民委员会办公。

二、分析预估

对于社区的改造，居民委员会工作人员认为，居民们还是持支持、同意的态度的，只是因为不明白改造后的效果，以及对改造给生活带来的影响，具体分析如下：

1. 要增加政策的透明度，保证居民的知情权。采取多种形式、大张旗鼓地宣传改造效果，向居民征求改造意见，印制小区广场改造解答小册子，发到每家每户，坚持公开、公平、公正。

2. 要充分调动居民积极性，参与小区广场的改造工作。

3. 充分发挥街道、居民委员会、业主委员会、公安等部门的作用，调动各方面的积极因素。

4. 要切实加强正面宣传引导。各级各部门在社区小广场改造中，要加强政策、法律法规的宣传教育，充分发挥正确舆论导向作用。

5. 切实帮助困难居民解决实际困难和问题。

6. 认真做好社区小广场改造群众上访的接待工作。注意稳定居民情绪，防止因言语不和、态度不适宜激化矛盾。

7. 加强信息报送和反馈工作。把握群众的思想脉搏，密切注意持反对意见的居民动向。

三、服务计划

（一）明确服务目标

该阶段主要是要与服务对象建立良好的专业关系，收集资料，界定问题界限，明确服务目标。服务过程中，要运用专注、倾听、同理和鼓励等支持性技巧与服务对象沟通，与其建立相互信任的专业关系。居民委员会工作人员与社区居民共同分析讨论目标及居民们的需求，初步确定了服务目标。

（二）服务策略

为了保证社区广场改造顺利实施，居民委员会工作人员成立社区广场改造项目推进小组，实行社区主任包户责任制。主要包括：

1. 加强宣传引导。有针对性地开展社区改造的宣传工作，加大对社区改造先进典型的宣传报道，对影响扰乱工作的案例给予曝光，为社区改造营造一个良好的舆论氛围。

2. 广泛动员群众。认真组织召开社区改造项目实施动员会，向社区居民公布改造项目、建设规模、规划设计、施工期限以及工作程序等政策内容。

3. 鼓励业主参与。建立业主参与机制。充分发挥街道办事处、社区居民委员会、居民小组的职能作用。充分发挥业主委员会的沟通、联系、协调作用，及时掌握群众的思想动态，通过居民委员会、业主委员会进一步做好群众的思想工作，征得群众对社区改造工作的理解和支持。

四、多措并举，成功改造

对于一个近 7000 人的社区，居民委员会所面对的问题是“百人百脾气”，诉求多样又复杂。难在“九龙治水”也有缺位和越位，难在“一厢情愿”也没解决痛点和难点。为了破解部分居民对社区小广场改造不理解难题，我们走到居民群众中去听取他们的意见和想法，然后抓住牛鼻子、解决主要矛盾。我们找到了自己的一套办法，即找准群众的“感情所在”，相信居民自己的力量，用合理的办法克服困难。

（一）召开动员会，答疑解难

社区小广场改造是一项民心工程，对于进一步改善人居环境、提高居民生活品质、提升金湾花园小区品位都具有重要而深远的意义。在动员会上，我们针对改造后的效果向大家做反复介绍解答难题，最大限度地满足群众诉求。“可以把花园的侧石拆掉，方便居民们出入。”“小花园应该和居民楼之间的距离大一些。”“小广场应该设立几个警示标志语。”动员会在金湾花园社区会议室里举行，居民们踊跃发言，各抒己见，纷纷建言献策。小区居民胡大爷是这次改造不同意的代表，他是经历过战争的老兵，有着军人执着的性格。他告诉我们不同意改造的原因就是舍不得自己种的那几棵树，我们理解居民需求，提出了“移栽树木”的建议，让居民认领绿地进行日常维护管理。居民委员会、业主委员会、物业公司邀请园艺师对志愿者和居民进行辅导，指导居民和志愿者种植树木，得到了居民积极响应，也得到了胡大爷的认可。对于一些依旧反对的居民，胡大爷还主动帮助居民委员会一起做群众的思想工作。

金湾花园社区党委书记史彤说，部分居民不同意改造，更多是因为依然对土地有感情，对自己私种的树木难以割舍，种什么不重要，重要的是有劳作、有收获。我们通过考虑群众的需求，妥善地处理问题，并且做好后期跟进工作，成功地做通了这部分居民的工作。

（二）找准问题点，各个击破

社区主任加班加点入户做好动员工作，向居民征求改造意见，针对居民怕楼下吵闹的问题，反复修改、制定居民满意的小广场改造示意图，发到每家每户，坚持公开、公平、公正。例如，有一户居民家，他一开始非常反对建造花园广场，他自发将两个楼的居民集中起来，并且签订联合协议一起反对改造，针对这种情况，社区主任不厌其烦，继续入户做工作，不管居民们对我们什么态度，我们都是微笑对待，甚至放弃休息时间，采取傍晚入户等方法做居民的工作。还有的居民认为“因为小区停车难，有些绿化带已被擅自破坏，改成私家车位。应该合理改造绿化带，增加停车位，方便小区居民停车。”面对这种情况，我们告知居民已经想到这个问题，并且在绿化带外侧，铺设新的停车场，可以方便居民们停车。

“住户提了要求，但改造实施时并没有按照居民的要求来办。”一位居民不满地说。从一开始民意调查时，居民就提出要把小区居民楼与绿化带之间的距离加大，但施工方案却没有将这个意见考虑进去。对此，该小区改造项目负责人表示，有些居民要求把有限的改造资金花在刀刃上，既考虑整体，又要保证美观。像这样的例子还有很多，针对这些意见建议，居民委员会工作人员耐心、细致、加以解决。

（三）居民们拥护，顺利进行

居民委员会的工作人员加班加点地解决改造中群众提出的问题，虽然体力有些透支，但是想到通过大家的努力，换来社区居民的满意，大家脸上露出了会心的微笑。同时社区居民自发对工程质量进行监督，退休前在园林绿化单位上班的侯大爷对栽种的树种提出建议，他建议将树木按照高矮依次栽种，错落有致，突出层次感；宋大爷得知自家种的香椿树会对施工造成阻碍，主动要求将树锯掉配合居民委员会工作。在施工过程中，两个楼的居民主动帮助维持施工周围的道路顺畅，确保施工材料和树木能够正常运输。看施工工人顶着烈日仍在施工，居民们还主动为施工人员送来了饮用水和西瓜，帮助施工人员给已栽种的树木浇水。社区居民卢师傅开始也是对改造花园持反对意见的，但是看到花园一天天的变化，他的态度也发生了变化，开始为居民委员会想办法了，“怎么改造更加便民，车位怎么改造更加合理”，有时候当居民给居民委员会提出不合理的意见时，卢师傅还会帮着居民委员会给其他居民做工作，化解矛盾。现在花园改造完成了，总能看到卢师傅推着自己有残疾的儿子在花园里乘凉，“这个花园改造得太好了，现在再也不用大老远的推着儿子跑到河东公园去散心了，太方便了。”卢师傅高兴地说道。“这个地方我觉得应该放一个提示牌”，“这个花园应该有一个垃圾桶，以后有个瓶瓶罐罐的就不至于随手乱扔了”，很多居民都纷纷到居民委员会报名，要为小花园做志愿者，献计献策，共同维护这个来之不易的美丽花园。

如今走近金湾花园小区，这个美丽的小广场特别引人注意，300 多平方米的广场内设有凉亭和长凳，走路和休闲互不干涉。可供老人们坐着聊天，孩子们在里面玩游戏。原来让众多居民们“闹心”的荒草空地变成了可供居民休闲的小广场，小区居民李阿姨说，在家推开窗户，看着楼后的地面铺上崭新的红砖，新栽种的一排小树，感觉外面特别敞亮。看到门前花园发生翻天覆地的变化，居民喜上眉梢。“以前一出门看到的都是乱草丛生，现在一出门就有眼前一亮的感觉。”一位居民代表说。

五、总结

通过努力，社区小广场改造的服务目标基本达成，社区居民们对社区改造一致认可。社区工作人员能明显感受到他们态度的转变。他们从原来的不理解、不支持、不配合，到后来与我们亲如家人共同制订改造方案，我们得到的不仅是被认可、被信任的欣慰与喜悦，更多的是作为一名社区工作者的责任和不断前进的动力。现在小区的叔叔阿姨们在广场中休息的时候，经常会说：“改造完的小广场既干净又整洁，而且满园的绿色，让人们看着心情就舒畅，居民委员会真是给我们做了一件大好事，我们要尽我们绵薄之力支持他们的工作，使我们的社区更加美好。”这也是居民委员会全体工作者的心愿，付出的努力能得到居民们的认可就是对我们最大的褒奖。作为年轻的集体，我们有能力、有信心做好社区居民的工作。“以人为本、热情工作”是我们秉承的信念，金湾花园社区居民委员会致力于打造一支让组织放心、群众满意的居民委员会队伍，在今后的工作中再创佳绩。

（作者单位：河东区上杭路街道金湾花园社区）

翠景园社区典型工作案例

曹　蕊

一、背景介绍

翠景园社区有景观湖一处，由于地处小区中心广场，且紧靠社区活动场地，来此休闲的人员较多。湖水本身没有外循环，水质容易被污染。周围居民的素质参差不齐，个别人有随手扔垃圾的习惯，居民委员会与物业公司虽然多次协调并坚持不懈地巡查和清理，都未能从根本上解决问题。

二、分析评估

景观湖对社区环境具有很好的提升作用，且周边栽满柳树，夏季是居民纳凉聊天的好去处，居民对良好的环境有一定的需求。破坏环境只是极少数人的个别行为，发挥广大居民的自觉维护意识和主人翁精神是解决问题的关键。

三、服务计划

（一）服务目标

维护景观湖的环境，树立社区居民爱护环境的意识，进而影响整体社区环境。

（二）服务策略

利用景观湖周边居民垂钓的契机，举办垂钓节，成立翠景园社区钓鱼队，发动群众自觉主动维护环境。

（三）服务程序

举办社区垂钓比赛，以此为契机宣传环境保护的重要性及人与环境的关系。

四、服务计划实施过程

（一）活动前

组织志愿者对景观湖进行了清理，将湖水表面的杂物清理干净。

（二）活动中

为丰富社区居民的业余文化生活，增强社区与居民之间的亲和力和凝聚力，宣扬保护环境文明生活的理念，翠景园社区居民委员会举办了第一届“翠景园杯”钓鱼比赛活动。活动以“爱护环境，渔乐无限”为主题，组织辖区内居民分成人组和儿童组进行钓鱼活动，体验休闲健康的生活。本次活动共邀请到了社区垂钓爱好者 16 人参加成人比赛，社区内的很多居民带着孩子参加了儿童游戏。

（三）活动后

带领居民在湖中放入了鱼苗 200 尾，让大家明白人与环境相互依赖的关系，并针对湖中水草多的问题请教专家，投入专门食水草的鱼种几十尾。参加垂钓比赛的居民成立了社区垂钓队，成为社区广场景观湖环境的志愿监督者与维护者。

五、总结评估

在大家共同的努力下，湖水清净，周围环境宜人。居民纷纷表示这样才是最美丽的社区景观湖，大家应该共同加以维护。在宣讲保护环境的理念的同时，丰富了居民的业余文化生活，招募了环境维护志愿者队伍。

六、专业反思

社区工作是指在党和政府的领导下，依靠社区力量，利用社区资源，强化社区功能，解决社区问题，促进社区政治、经济、文化、环境协调和健康发展，不断提高社区成员的生活水平和生活质量的过程。社区的工作要更多的以居民喜闻乐见的形式宣扬理念，依靠居民自身的力量维护社区环境，做好各项工作。

（作者单位：武清区东蒲洼街道翠景园社区）

美丽社区温情行

武清社区服务协会

一、背景介绍

武清社区服务协会成立于2015年10月，自成立以来，深入各个社区积极开展创业、就业帮扶宣传和服务，通过中心整合各个行业的社会组织资源和政策信息资源、职能部门行政管理资源，克服政府或社会组织以及爱心企业各自为政的局限性，逐步实现小政府、大社会，深入服务社会组织的创新局面，化解社会管理难题和提高社区居民生活的幸福指数，达到促进社区建设的目的。

二、分析预估

1. 筛选出长期参与活动的爱心社会组织和企业9家，不定期地参与活动的爱心组织21家。

2. 服务内容涵盖居民生活、文化教育、医疗卫生、创业、培训、就业等居民需求的项目。

3. 先后在基础设施和综合条件成熟的蒲瑞祥园、博盛园、泉昇佳苑等社区开展服务活动，服务社区居民3000多人次。

三、服务计划

（一）服务目标

1. 丰富社区居民生活，提高社区居民生活质量，推进武清美丽社区、智慧社区建设。

2. 吸纳各类社会组织参与，扶持初创公益组织快速成长，重在培养输送优秀社会工作者，成为社会组织开展活动和展示成果的“大舞台”。最终目标是参加各类活动的组织超过30家，覆盖服务项目的全部内容。

3. 为服务业、各类群团组织和政府多部门综合服务管理植入社区提供机会，及时发现并有效化解社会矛盾，促进武清区经济发展和社会进步。

（二）服务策略

组织9家爱心组织和企业深入社区，2015年10月起，于周末定期开展免费的爱心公益活动，另外有21家爱心企业随机参与。

1. 爱心企业利用自身服务优势，自主安排人员，免费为社区居民提供服务，如武清二院、卡蒂亚婚纱摄影、美丽车间美发、晶晶金饰、中特汽修。

2. 爱心企业自愿免费提供设备设施，为社区居民提供便利的服务，如宝力豪健身会所、盛典礼仪。

3. 政策宣传、社区文化普及：天津武清青年创业就业服务中心、国学大讲堂。

（三）服务程序

1. 以蒲瑞祥园为活动服务试点，逐步实现以点带面，2016年推动杨村街和黄庄街道开展社区服务。

2. 根据调研结果，分类分析确定一年期间主要的服务项目、服务的群体并制定出具体落实计划时间表。

3. 吸纳各类相关的协会、各类青年社会组织、各类自由组建兴趣爱好的群体加入，参与社会服务工作。

四、服务计划实施过程

1. 在基础设施和综合条件成熟的社区开展前期调研，调研社区有蒲瑞祥园、博盛园、泉昇佳苑。调研结束后进行结果分析，根据分析结果制订活动方案。

2. 针对社区居民的需求，中心积极组织爱心企业精心策划服务内容和方式，确定服务项目。报名参与本项目的爱心组织和社会团体共30家，提供的服务内容涵盖了居民生活、文化教育、医疗卫生、创业支持、就业培训等项目。

爱心企业有：天津市青年创业就业服务中心、宝力豪健身会所、中特汽车后服务连锁机构、卡蒂亚婚纱摄影、天津市美丽车间美发连锁机构、天津市盛典礼仪服务有限公司、天津市晶晶金饰有限公司、天津福源医药连锁有限公司、中意数码扩印、童宝儿童摄影等。其中9家爱心企业参与定期的社区服务活动，其余企业随机参与。定期参加免费公益活动的企业及服务项目如下：

（1）青年创业就业服务中心：创业技能培训现场报名指导，政府贴息贷款政策宣讲；联合二区四园企业为社区居民提供就业岗位；百万人才免费技能培训政策宣导及现场报名。

（2）武清第二人民医院：免费健康咨询、会诊。

（3）卡蒂亚婚纱摄影：免费拍摄宝宝照并提供服装，拍摄15张左右底片全部赠送，需自带U盘。全家福、周年照：免费拍摄，底片全部赠送需自带U盘，并赠送精美摆台一个（限60岁以上）。一寸照片：免费拍摄并赠送一版（每次限20名拍摄）。贫困家庭婚纱照：免费拍摄一套服装，赠送24寸精美放大照片一幅，7寸照片6张，并底片全部赠送需自带U盘。婚纱照，写真照特价套系：对前来咨询的人群进行接待讲解。

（4）中特汽修：汽车维修技师进行冬季检查，免费充气、电控系统检测、电瓶、防冻液、玻璃水专业检测；对业主进行免费汽车保险投保、车务知识、保险理赔、二手车评估资询等服务。

（5）国学大讲堂：国学学者张建云亲临现场，讲国学、学国学、用国学，最终营造用国学实现和谐家庭和谐社区的文化氛围。

（6）宝力豪健身会所：免费提供健身器材，为社区居民健身提供培训和指导。

（7）美丽车间美发：为老人（65 岁以上）免费理发，上午 5 人，下午 5 人，一天限 10 人。

（8）盛典礼仪：大屏幕车随时配合宣传，介绍爱心企业及公益活动内容。

（9）晶晶金饰：免费黄金检测、饰品清洗。

五、总结评估

1. 按照活动方案，自 2015 年 10 月至 2016 年 5 月，共组织免费公益活动 16 期，参与活动的爱心企业 50 家，受益居民达 6500 人次。

2. 为更好地满足社区居民需求，发展壮大社区社会组织，居民委员会确立了社会组织进社区开展公益活动的基本原则：一是公益和营销产品及直接的广告宣传切记分清，干干净净清清楚楚搞公益，让百姓信任、让社区满意、让政府赞成；二是活动时间、服务群众的数量、服务标准要严格到位，统一按活动计划执行，好事要干好；三是各服务组织走在一起要相互支持和相互提醒，服务群体宁缺毋滥，打出社会组织在政府、社区、群众中的公信力和影响力。为升华社会组织的心灵境界、企业做大做强、引领行业发展，为武清经济腾飞和社会建设起到推动作用。

六、专业反思

1. 服务开展以来，服务内容根据社区居民需要不断更新和完善，活动得到了社区居民的欢迎和社会各界的好评。

2. 大多数爱心组织和企业都有参与公益行为、改变社会现状的满腔热情，但是随着时间的推移，支撑他们的热情逐渐消退，原来非常新鲜的事不断重复，就逐渐显得烦琐，使人觉得枯燥乏味。为使他们长期抱有服务的热情，需要不断的激励，更需要政府相关部门和社会各界的认可和鼓励。

3. 要继续整合社会组织资源，充分发挥各社会组织专业优势和特长，为社区居民提供更多志愿服务，而且将这种服务模式成功复制到全区各个社区，在全区各社区开展常态化的公益服务。

（作者单位：武清社区服务协会）

飞起小雏鹰　共建中国梦

张云蓓

一、背景介绍

汇英苑社区毗邻天津师范大学第三附属小学、付村中学和多家幼儿培训机构，社区内少年儿童较多，儿童社会工作是汇英苑社区工作的重点内容。社区践行“五方共建、六位一体”的指示精神，探索创建“精武红色联盟”少年儿童教育培训平台。

二、分析预估

汇英苑社区少年儿童数量较多，特别是小学阶段的儿童人数较多。童年是每个人人生的基础，儿童既是每个家庭的基础，又是一个社会发展进步的基础。从这个发展过程需要获得不同方面的照顾、引导、支持和保障才能完成。针对儿童成长快速性、阶段性、顺序性、不均衡性、个体差异性、分化与互补性等特点，满足儿童的生存、发展、受保护、社会化的需要至关重要。社区地处天津市西青区精武镇，毗邻天津师范大学、天津工业大学、天津师范大学第三附属小学、天津市付村中学多家幼儿教育机构和精武镇社会事务服务中心等教育、医疗、公共服务设施，而且汇英苑社区为大产权商品房社区，居民受教育程度、文化素质普遍较高，经济条件较好，这就充分保障了儿童生存及发展的需要、受保护的需要、社会化的需要。儿童发展的问题尤为重要，需要获得足够的休闲和娱乐机会，有适合儿童且安全的娱乐场所，为儿童形成良好的娱乐休闲心态、方式和行为提供教导和培养，最好能在休闲娱乐过程中学到相关的知识，培养良好的道德品质，寓教于乐，同时满足社会化的需要。

三、服务计划

（一）服务目标

以社区大党委的建立为契机，学校、家庭、社区、相关部门等进行有机互动，活动以社区儿童为主体，以党建阵地为基础，以社区党员志愿者为服务群体，充分整合社区资源，搭建快乐营地（儿童之家）活动平台，促进少年儿童健康成长，是该服务计划的创意，是活动形式上的亮点。同时以集体的形式来挖掘和利用社区资源，共同解决社区问题、满足社区需求，增强社区凝聚力和归属感。

（二）服务策略

1. 促进居民的个人发展。
2. 团结邻里。
3. 社区教育。
4. 提供服务和发展资源。
5. 社区参与。

（三）服务程序

1. 由社区志愿者、普法义务宣传员陈万宏老师义务教授社区儿童快板和国画。包括培训天津快板和国画，培训普通快板和团扇，培训普通快板和年画，培训群口快板和大张年画，培训群口快板和中堂画。

2. 由社区志愿者、冶金局党校退休教师潘科义务教授社区儿童下围棋。主要利用周末时间义务教授社区 5～10 岁少年儿童下围棋。潘老师用业余时间，教授围棋已有十多年的时间，经验丰富。下围棋有益于修身养性，能锻炼人的逻辑思维，故而吸引了许多学生和家长前来参与。

3. 由社区志愿者王良玉老师义务教授社区儿童书法。书法也是中华民族的国粹文化，练习书法有助于修身养性、陶冶情操。

4. 由社区志愿者李玉清老师组织社区儿童做游戏。主要为击鼓传花、猜谜语等益智游戏，户外运动，寓教于乐。

四、服务计划实施过程

2016年2月18日上午9点在汇英苑社区三楼党群活动室成功举行精武红色联盟“飞起小雏鹰，共建中国梦”主题共建活动，这也是党群日常活动的一部分。本次活动由精武镇关工委和汇英苑社区共同发起，在精武镇党委和社区科的指导下，汇英苑社区全体工作人员、党群服务队党员志愿者、优秀志愿者代表、社区少年儿童及部分家长参加了此次共建活动。本次活动由热心家长董女士主持，主要围绕飞起小雏鹰红色联盟培训展开，民乐小合奏、群口快板《捞孩子》《别买不合格产品》等节目见证了汇英苑社区快乐营地开展一年以来义务普法宣传员陈万宏老师、少年儿童及学生家长们的倾情付出和心血，充分展示了优秀的学习成果；热情居民周叔叔及其家人为普法宣传作出的积极贡献着实令人钦佩；优秀志愿者代表李奶奶的快板《遵守交通安全》告诫居民要重视交通安全，同时也感谢李奶奶多年来为交通安全宣讲工作的辛苦付出；一首《歌声与微笑》唱出了全体社区工作者饱满的工作热情和对社区工作的热爱，更唱出了平凡岗位上的不平凡。活动在一片欢声笑语中结束，收到了良好的效果。

五、总结评估

作为社区工作者，服务结束后需要对服务对象、工作机构、社会和专业本身负责。活动中，汇英苑社区工作人员和社区志愿者在相关部门组织领导下，利用团体智慧和力量，组建了快乐营地（儿童之家），深入社区，了解社区儿童的现状，为少年儿童的健康成长助力加油。活动展示了当代社区工作者风采，培养大家的团队意识、组织纪律性，增强了组织的凝聚力和战斗力，同时唤起社会对祖国的未来和花朵的关爱，并关注少年儿童健康成长，从自身做起，为他们的成长增添一份智慧和乐趣。该活动力争成为一项形式新颖、内容丰富、影响积极的体验性、长效性教育活动。今后我们要通过多种形式和渠道，调动社会各方面的积极性参与少年儿童培训教育工作，不断创新、务实，争取在相关部门的指引下，使社区儿童之家工作取得更大的成绩。

六、专业反思

（一）着力做好社区志愿服务

1. 做好社区志愿服务有利于整合社区资源，健全社会服务体系，依靠社会力量解决问题，满足居民群众日益增长的物质文化和生活需求；

2. 做好社区志愿服务有利于增强各种社会组织尤其是居民群众的社会责任，提高参与社会建设和管理的能力；

3. 做好社区志愿服务有利于密切党同人民群众的联系，巩固党在城市基层的执政基础。

（二）着力倡导儿童友好社区建设

1. 建设安全、益智的儿童游戏场所和设施。安全、益智的游戏和娱乐在儿童成长过程中不可缺少；在游戏和娱乐中能够体验快乐，培养关爱、忍耐、毅力、尊重、上进等品质，能够在与同伴的互动过程中学会协商、妥协和合作等社交技能。

2. 创新社区儿童参与工作机制。儿童是祖国的未来，社会未来的栋梁。社会工作者要为培养身心健康的儿童提供保障，为我们的社会拥有美好的未来奠定基础。

（作者单位：西青区精武镇汇英苑社区）

“暖心老年人”社区公益剪发活动

石晓岩

一、背景介绍

王稳庄示范镇是天津市第四批示范小城镇试点工程，共投资 50.67 亿元，建设住宅楼及配套公建 130 万平方米，目前安置 11 个村的 1 万多户居民入住。社区回迁楼均为精装修，广大群众特别是老年人从过去矮旧的平房搬进了现在宽敞明亮的新楼内，生活环境得到明显改善。

随着社会老龄化加剧，老年人在人口结构中的占比越来越大，特别是王稳庄社区集中安置居民后，社区老年人群体也变得更加集中，社区老年服务需求也更为突出。

二、分析预估

社区老年人服务主要包含医疗保健、居家养老、文化娱乐、生活服务等方面。其中服务于老年人医疗、养老这两项内容的社会机制已较为成熟，能基本保障大多数老年人的需求；街道乡镇文化部门也在示范镇建成后大力投入文化娱乐资源，让居民享受更有质量的精神文化生活；而老年人大部分的生活服务需求还要依靠市场来满足。示范镇的商业配套也较为完善，饮食、服装、娱乐等功能齐全。市场配置具有丰富性和便利性，然而市场也具有趋利性，这样在个别领域就不能满足少数群体的需求，例如，剪发行业。我们注意到，现代美发造型服务大多针对追求新潮的年轻人，老年人对发型要求不多，利润空间有限。原来在村庄居住，老年人还可通过村里的老剪发手艺人或低价的理发店满足需求，现在却不得不在高档理发店理发。因此，提供价廉质优的理发服务，也是与老年居民生活息息相关的。

三、服务计划

（一）服务目标

1. 为居民提供便利的生活服务，满足社区老年人剪发需求。

2. 重点整合社区可利用资源，发掘和建立一批社区志愿服务队伍，培育社区志愿服务骨干，增强社区商企与居民互助，共同服务社区建设。

3. 以此为契机，增加与社区居民接触，建立社区服务关系，了解和评估居民其他需求，为制订社区服务计划收集材料。

（二）服务策略

1. 制订志愿服务计划，通过社区走访，发掘潜在的志愿者，以通过参与社区公益活动，树立商企良好口碑，促进商企提升发展为谈判方向，进行服务谈判，鼓励社区商企加入志愿队伍。

2. 制订志愿服务队伍维护计划，力争把优秀的、有良好群众基础的志愿服务发展成为经常性的志愿活动，而不是一次性的“作秀”。

（三）服务程序

1. 确定提供服务志愿者人员。

2. 对外发布活动公告，面向社区老年人开展前期宣传工作。

3. 志愿服务活动以小区为单位，在八个小区逐个持续开展。

4. 进行活动宣传报道，扩大活动影响力，在全社区营造志愿服务氛围。

四、服务计划实施过程

（一）制订服务计划

通过在社区走访，了解到老年人的这项服务需求，社区工作者团队制订了“暖心老年人”公益剪发项目计划。

（二）选定服务志愿者

社工团队在理发店集中的商业区逐户走访，宣传活动计划。大约走访了四五家理发店，均因人手不足、时间不合适等理由加以婉拒，过程并不太顺利。所幸，在计划濒临落空的时候，我们来到第六家理发店，老板热情表示，他们看到其他区域的连锁门店有搞这样的“义剪”活动，自己也想做，苦于没有合适的机会。于是，双方一拍即合。经过商量，该家理发店每次派出三至四名志愿者，每次服务半天，每次预计服务 30 ~ 40 人次，在八个小区轮流开展。

（三）前期活动准备

计划确定好后，团队开展宣传准备工作。因为老年人对网络使用不熟悉，这次宣传重点通过在社区楼栋宣传栏张贴活动公告，在小区老年人集中的健身园、凉亭等处发放传单。社区微信公众号也同步发布，希望关注微信的年轻居民向自己的父母宣传此信息。在此期间，团队与理发店商议好服务的地点，定于社区旁边的空地，方便老人们前往，制作活动标语等。

（四）活动现场

活动当天，早早就有老年人来社区等候。为了维持秩序，工作人员制作了号牌，发放给老人。当天天气晴朗，为防止老年人长期在太阳下站立不适，活动移动到了靠墙的阴凉处，团队给他们准备了等候座椅、温水等。老年人在等候期间，相互聊天，现场气氛热闹且不乏温馨。从他们的谈话中可以看出他们对本次活动的赞许和认可。志愿者们很敬业，整个活动一上午都没有休息，只在间隙喝口水，到活动规定的结束时间，还有闻讯赶来的居民，志愿者们也尽量把服务时间延长，尽量不让老人们失望。根据发放的排号来看，当天上午共服务了大约 50 ~ 60 人次，超过计划数量。

（五）后期宣传

为弘扬社区志愿服务精神，发挥优秀志愿者模范效应，社区十分重视活动宣传工作。活动结束后，通过社区微信平台、街镇微信平台、王稳庄周刊等媒体大力宣传，鼓励志愿服务行动。此次活动报道还被天津北方网、人民政协网转发，社会反响良好。

五、总结评估

此项目活动从整体上看是较为成功的。活动内容符合社区发展，能够切实从居民需求出发，为活动成功打下基础；活动旨在发展社区志愿服务，从活动效果来看，收到一定的效果，活动结束后有其他类型的商企表示也想参与这样的社区活动，为以后培育社区志愿服务力量积累了口碑与资源；活动过程较为顺利，能够结合服务对象特点，提供较为完善的支持服务；活动效果良好，很多居民对志愿者和社区工作者表示赞扬，询问下次活动的时间、地点等。

六、专业反思

此次活动有两个内容值得我们反思。

一是社区资源的发掘。在社会系统理论视角下，社区存在许多具有重要功能的子系统，各组成部分以有序的方式相互关联，并对社会整体发挥着必要的作用。但社区活动的社会性、公益性往往使工作人员较难驾驭同商企的合作，在社区资源发掘与整合方面容易忽视社区商企的力量。通过本次活动，我们可以看到，社区商企也有社区参与意愿，社区志愿服务发展不仅局限于个别优秀个人，也可考虑商业组织的加入。

二是商业价值与公益价值的冲突。商业组织的第一目标是追求利润最大化。本次活动的志愿队伍，本身具有良好社会志愿服务意愿，回馈社区居民，但也有借公益活动增加知名度、扩大宣传的想法。在活动谈判中，理发店老板曾提出活动在其店内开展，不排除其为吸引客户，甚至进行商业营销的可能性，如此一来，公益活动就违背公益的初衷，成为商业谋利的“推手”。综观社会公益事业发展，特别是大型企业在慈善活动方面作出的努力与贡献，都避免不了通过树立优良的社会公益形象，通过提升社会价值带动其商业价值的持续发展。但是在具体操作方式方法上，要形成以形象吸引客户消费，而非以“假象”诱骗客户（居民）消费，保证公益事业的纯洁性和可持续性。

（作者单位：西青区王稳庄镇社区）

重阳节活动案例

王　欣

一、背景介绍

九九重阳节是我国传统节日，是传承尊老、敬老、爱老、助老的重要节日。

二、分析预估

老年人对开展书画展的热情和参与率；考察社区适合开展活动的场地（室内、室外）；评估活动风险保证人员安全。

1. 考察老人的参与度。
2. 考察现场气氛。
3. 参与活动老人反响。
4. 评估活动进程当中可以发掘的社区资源。
5. 填写活动调查问卷。

三、服务计划

（一）服务目标

开展重阳节关爱老年人活动能充分发掘传统节日内涵，丰富社区居民的精神文化生活，提高社区老年人的幸福生活指数，增进社区居民之间的密切联系。

（二）服务策略

1. 直接介入。
2. 开展活动。

（三）服务程序

1. 整合老人意见确定活动主题，开展活动项目。
2. 确定活动时间。
3. 通过考察确定活动地点。
4. 保证参与活动人员的安全。

四、服务计划实施过程

（一）服务计划

制订活动方案。

1. 活动主题。

“国曲扬国威 书画蕴真情”社区老年人书画展。

2. 活动时间。

2015 年 10 月 30 日上午 9：30。

3. 活动地点。

荣华里社区活动室（荣华里地下室）。

4. 活动内容。

组织社区开展形式多样的群众性文艺演出、才艺展示活动，如书画、十字绣、现场书法展示、京剧等。

（二）服务实施过程

1. 活动宗旨

展开重阳节关爱老年人活动能充分发掘传统节日内涵，丰富社区居民的精神文化生活，提高社区老年人的幸福生活指数，增进社区居民之间的密切联系。

2. 活动方式。

以“国曲扬国威 书画蕴真情”为主题开展社区老年人书画作品展。

第一阶段（2015 年 10 月 1 ~ 15 日期间）：作品收集阶段

收集社区老年人的书法、绘画、摄影作品。

第二阶段（2015 年 10 月 15 ~ 29 日期间）：前期布展准备阶段

对收集来的书法、绘画、摄影作品进行装裱制作，联系社区京剧团助演。

第三阶段（2015 年 10 月 30 日）：活动开展阶段

（1）社区京剧班的成员进行开场表演。

（2）社区居民参观书画作品。

（3）社区书法爱好者现场作画。

（4）赠送书法作品。

3. 活动组织。

主办单位：荣华里社区居民委员会。

4. 活动经费。

经费需要 2000 元左右。

（1）为收集来的作品进行装裱 1000 元。

（2）书画作品的作者礼品 1000 元。

五、总结评估

1. 此次活动共展出书画、十字绣、摄影及编制作品 70 多幅，大家参与热情很高。

2. 社区居民对传统艺术认可度很高，喜爱京剧艺术。社区书法名人贾老师当场写下“家和万事兴”“一帆风顺”等多幅寓意美好的作品赠给参观者。

3. 活动达到预期目的，为书画、摄影、编制爱好者搭建一个展示自我的舞台。丰富了社区居民的业余文化生活，为居民提供了一个增进了解、联络感情、融洽邻里关系的重要平台，营造了和谐的社区氛围。

六、专业反思

活动准备不够充分，社区资源运用还不到位。

（作者单位：河西区大营门街道荣华里社区）

环境综合治理典型案例

盛　铃

一、背景介绍

儒林园社区面积为8万平方米，共有20座楼，70多个楼栋，居民户数900多户，居民人数2700余人。从入住以来的十几年里，小区环境日益变差，卫生脏乱、违章私搭乱盖、侵占公共绿地、随意装地锁、到处堆放杂物、开田种菜等问题变得越来越突出，影响了社区的整体环境与居民的正常生活，也引起了不少邻里之间的矛盾，业主们都怨声载道。2015年6月，该社区成立了第一届居民委员会。社区工作刚刚起步，面临环境问题严重、矛盾激烈的局面、物业公司管理不当，给社区工作造成了很大的难题。

二、分析预估

该社区地处邻区结合部，管理上存在不同行政区域的交集，由于地理位置原因，人员结构相对复杂，有一部分外来人口，特别是一楼住户中老年人居多，由于物业公司十余年管理没有衔接好，管理不当，小院很多都被改造，卫生脏乱、私搭乱盖、侵占公共绿地、随意装地锁、到处堆放杂物、开田种菜等问题比较突出，社区工作进驻社区相对业主居住年限比较短，业主认同感低，对物业公司怨言也比较多，居民情绪比较容易激动。

三、服务计划

（一）服务目标

整治卫生脏乱、私搭乱盖、侵占公共绿地、随意装地锁、到处堆放杂物、开田种菜等问题，还居民一个清洁美丽的社区环境。

（二）服务策略

整合社区资源，区域内共建协同互助完成任务。

（三）服务程序

1. 与物业公司积极沟通。
2. 做好宣传引导。
3. 入户动员。
4. 联系各方力量，进行工作部署。
5. 集中整治。
6. 完善整治后的工作。

四、服务计划实施过程

社区居民委员会首先找到物业公司了解情况，了解目前物业公司无法改善后，与物业及业主委员会进行了沟通，通过开展工作的决议。

社区工作人员结合社区情况利用双休日时间，在小区内主干道两侧悬挂宣传横幅，在各个宣传栏、广告栏内张贴宣传画，并且每个楼门全部张贴了宣传画、温馨提示以及《致居民的一封信》，把宣传工作做到位，首先从思想上做工作。

社区工作人员采用分组包片的形式挨楼门进行排查，统计出圈占、堆物、私搭乱建、违章、养鸡鸭等情况，并且开始逐户入户做思想工作，告知居民清整工作即将开展以及自行清理圈占、堆物的时间。

清整前夕，社区工作站联合物业在小区广场上组织召开了主题为“清洁环境，美化社区”的清整工作启动仪式。仪式上，社区工作人员、业主代表都发起了倡议，号召社区的全体居民行动起来，成为清整工作的宣传者、参与者和维护者，共同为打造干净整洁、优美舒适的生活环境而努力。最后，邀请前来参加仪式的业主都在横幅上庄重地签上了自己的名字，表示对此次清整工作的支持与拥护。

随后，由于该社区卫生脏乱、违章私搭乱盖、侵占公共绿地、随意装地锁、到处堆放杂物、开田种菜等问题已经非常普遍，社区工作人员联系物业还有执法部门、派出所、街道办事处召开了清整工作部署会议，明确各部门职责与日程安排。

准备充分后，组织力量开始每天进行全体清整工作。百余人组成的队伍全部参与清整工作中，从小区最南边开始，逐排对圈占、堆物进行清理。清整期间大家也经受着恶劣天气的考验，大风降温、雨夹雪，尤其是大雪过后，气温下降到零下 6℃，社区地面覆盖上了一层晶莹的白地毯，凛冽的东北风刮在工作人员脸上，大家不畏严寒，不辞辛劳，坚守岗位，有条不紊地奋战在清整现场。一边做工作一边及时清整，避免回潮。半个月时间，共拆除、清理圈占 150 余处，堆物 170 余处，违章和私搭小屋数处，花池台阶 60 余处，并将私自占压绿地的砖地进行集中清理，还居民公共绿化环境。

由于社区内路面年久失修，坑洼不平，影响了居民的出行安全与社区的整体面貌，且有居民反映部分大树树枝长常年无人修剪，影响了低楼层住户的采光。社区工作人员联系街道办事处出资整修，重铺小区的不平整路面，又将树枝进行修剪，美化了居民的居住环境，保障了居民的出行安全，受到了居民的交口称赞。

五、总结评估

此次清整工作取得了良好的效果，社区环境卫生得到了改观，赢得了广大社区居民的一致赞誉。社区工作人员为了提升居民生活幸福指数，创建美丽、宜居、文明、和谐的居住环境做了太多的工作，付出了太多的心血，街道办事处、执法队大力支持以及派出所、物业相关部门积极配合，都为整治工作增添了力量。区域内的力量整合高度集中，社区居民参与社区环境卫生共建共管的意识也得到了进一步的强化，形成人人关心社区、人人爱护社区、人人建设社区的良好氛围，促进了社区和谐发展。

六、专业反思

“一人拾柴火不旺，众人拾柴火焰高”“一人难挑千斤担，众人能移万座山”。从事社区工作要善于利用社区资源和力量解决社区问题，协调多方力量充实社区共建力量。

（作者单位：河西区东海街道儒林园社区）

小队伍作用大　帮忙解困在社区

岳万海

“帮帮忙”志愿服务队是粤江里社区在开展“学雷锋志愿行动”中建立的一支志愿服务队伍，是结合社区实际，把社区日常志愿服务工作进行规范、归纳、分类后，形成系统化和具体化的群众自发性的组织。

一、背景介绍

多年来，由于粤江里社区居民大多为老年人，许多居家小事都力不从心，便到居民委员会求助，求助的人很多，每次都是先登记，等专业人员来解决，但一等少则几周，多则几个月等得老年人很心焦。2014 年 5 月社区适时成立了“帮帮忙”志愿服务队，从最初的三个人到现在包括物业、保洁员、居民志愿者五十几人，服务内容包括：社区公共设施（健身器械、修剪树枝）、楼道设施（修报箱、楼门锁、楼道灯、对讲门），家用电器简单维修（空调遥控、门窗、相机、电表、煤气门锁等）。居家服务（理发、修车等），以无偿和低酬方式覆盖居民全生活，让居民感受到了社区温暖。2014 年 10 月，在街道领导的鼓励和大力支持下队伍有了很大的提升：一是硬件，包括各种工具、零配件；二是文化，包括服务队旗帜、标识、相关制度、帽子衣服等，三是软件，包括技术培训、技术支援和交流等，在 10 月 25 日举办了帮帮忙服务队成立启动仪式，并进行了授旗捐赠工具，同时把每年的 10 月 25 日定为活动日，搞大型的志愿服务活动，“帮帮忙”的理念是“举手之劳、随叫随到、无私奉献、传递爱心”。

通过“帮帮忙”志愿服务队，社区探索服务性社区发展改革的新道路，实现了从管理型到服务性的转变。

二、分析预估

粤江里社区包括三个自然小区，8000 多居民，3000 多户，老年人人口占社区人口的1/3。当下，老年人的问题越来越成为社会、社区的最突出的问题，老年人从思维和感知，从身体和行动上都处于弱势，尤其是空巢老人和独居老人，一旦出现突发性问题，自己根本解决不了，而社会力量也有限，只有靠社区。社区的事情社区解决，在居民委员会的引领下，发挥多才多艺的居民的才干，组织好居民开展自治，处理好居民的生活琐事。说是无私奉献，对于志愿者来说是不公平的，同时对于队伍的长期建设也是不利的。应该建立褒奖制度，一方面年底给予奖励，另一方面建立“时间银行”制度，把服务时间存入“时间银行”，在年轻时多存入服务时间，在自己年老需要时，可以取出来自己使用。

三、服务计划

（一）服务目标

为社区老年人，尤其是残疾人和老年人提供服务。

（二）服务策略

随叫随到，热情服务，无私奉献，传递爱心。

（三）服务程序

居民申报，居民委员会分析，根据问题的大小和难易程度，安排专人或报有关单位，解决问题，信息反馈，记录经过。

四、服务计划实施过程

（一）“帮帮忙”有标识，打造社区亮点好品牌

1. 标识为

2. 蓝、红为主色调；

3. 应用在队旗、标牌、帽子、坎肩、手册和礼品上；

4. 队旗有标有字号，“粤江里社区帮帮忙服务队”，由社区居民书法爱好者题写。

（二）“帮帮忙”有内容，两册、两账、两承诺

1. 两册：《“帮帮忙”居民手册》，把社区的信息和居民常用重要的电话编入，2014 年印制了 2000 多份，发放给社区居民。《“帮帮忙”队员手册》，由队员拥有。填写帮忙记录，作为褒奖的依据。

2. 两账：《“帮帮忙”服务统计账》，由队员填写；《“帮帮忙”资产管理账》，统计资产和人员信息。

3. 两承诺：队员给被帮助者承诺“我承诺是无偿帮助你”，同时“请您给我一个像我一样帮助别人”的承诺。

（三）“帮帮忙”有组织，服务质量有保证

“帮帮忙”服务队服务粤江里社区居民，队长、队员共 20 余人，服务范围涉及生活中的方方面面。

（四）“帮帮忙”有队伍，实现服务全覆盖

“帮帮忙”具有多方面才能人员，一个人就是一个亮点，总队伍有六

个，但平时又各自开展服务，合时则合，分时则分，服务自由，各自为政而又相互协作，帮帮忙形成一个机制，居民委员会成员起一个引领的作用，主要是群众自发的民间行为。

1. 应急队：队员 5 人，主要负责每天居民应急突发事件。

2. 日常队：队员 7 人，包括量血压、测血糖、维修、理发、帮助老人送东西、照相和洗照片。

3. 定期活动队：队员 6 人，包括每周一次的修家电、磨刀、查电路、查燃气、打气等。

4. “帮帮忙”巡逻队。包括社区重点地方每日发生的事情进行监视和通信，对整个社区进行日常巡逻，保证社区的安全，提供治安第一手资料。

5. “帮帮忙”大党委共建队，包括：“帮帮忙”出租车队，“帮帮忙”房管站队，“帮帮忙”自来水队。

6. 周边非公有制企业“帮帮忙”队伍。

（五）“帮帮忙”有理念，无偿帮助是宗旨

“举手之劳、随叫随到、无私奉献、传递爱心”是队伍的口号和理念。队员承诺是原则，居民承诺是目的。主要是精神的传播，爱心理念的传递。

五、总结评估

“帮帮忙”行动得到丰厚的回报，“心系百姓、为民解忧”的锦旗代表了居民对“帮帮忙”的认可，比任何语言都有意义，为独居老人理发得到的是老人真诚的微笑，送老人去医院，老人激动地哭了，虽然得到的只是一个眼神，一声谢谢，一杯热茶，但我们“帮帮忙”队员得到是社会对帮帮忙的认可，对奉献的赞扬；“帮帮忙”队伍不断扩大，有更多的人希望加入队伍；帮忙行动不断增加，更全面更具体；人们的思想也有了更好更明显的变化。

“帮帮忙”志愿服务队自 2014 年开展活动以来，两年累计开展 200 余次服务，注重实效，不走形式，都是实打实的工作。虽然都是小事，但在居民心中，“帮帮忙”已经成为居民的生活伙伴了，队伍虽小作用大，服

务队得到了上级部门的认可和高度评价，2014 年和 2015 年两次被河西区评为先进集体。

六、专业反思

“帮帮忙”志愿服务队在社区工作实务中，体现了社区志愿服务工作的基本原则。

1. 以人为本，服务社区。“帮帮忙”志愿服务队以服务社区居民为根本出发点，关注社区困难群体，特别是老年群体，切实帮助他们解决生活中的实际问题，使困难群众共享经济社会发展成果。

2. 自愿参与，互利双赢。“帮帮忙”队员，不管是自愿加入志愿者组织，还是参与志愿服务活动，都会尊重本人意愿，不搞强迫指令。既要提倡无私奉献，又要让志愿者的服务获得社会回报，做到尽力而为与量力而行相结合。

3. 各尽所能，形式多样。“帮帮忙”队员大多是辖区居民，既可以用一技之长助人一臂之力，也可以用爱心解他人燃眉之急；既可以长期服务，也可以短期帮忙；既可以用脑力，也可以用体力；既可以用精神，也可以用物质；既要适合服务对象的需求，也要适合志愿者的特长。服务的形式应在服务实践中不断完善和创新。

4. 党（团）员带头，广泛参与。“帮帮忙”服务队是社区党员提出创建的，结合实际，来自社区，服务社区，倡导共产党员积极争当志愿者，每年拿出一定时间积极参与服务活动。充分调动社区居民力量积极参与，实现健全激励机制，推动社区志愿服务活动广泛深入持久的开展。

（作者单位：河西区东海街道粤江里社区）

规范准物业管理　打造和谐社区

张曼莉

一、背景介绍

新立里小区坐落在河西区绍兴道，建于20世纪80年代，属于老旧社区。为打造文明、和谐社区，2014年新立里小区进行提升改造，引入准物业管理，以此提高小区进行环境管理。由于准物业管理属于新兴行业并没有形成制度化、规模化、规范化管理，居民常与物业公司就职责、日常管理、收费缺乏统一的标准产生分歧。准物业管理行业本身存在的局限性是产生上述问题的根本原因。准物业管理涉及居民日常生活，处理不当，很容易引起连锁反应，导致矛盾的激化。

二、分析预估

在我国，物业管理作为一种独立的行业，出现在20世纪80年代，旧的小区物业管理部门往往由原房管部门转变而来，准物业管理基本服务内容主要包括：门岗保安、停车秩序等公共区域秩序管理，清扫保洁、除四害等环境卫生管理，除虫、施肥等绿化养护管理，配合做好小区共有设施设备维修养护和房屋装修装饰安全管理，开展房屋共有部位小修养护等，这些基本服务项目的落实基本上能满足住户需求，也与老小区总体水平档次相适应，但居民对准物业的服务及工作人员的态度极不满意，存在乱停车、垃圾不及时清运、乱贴小广告、非本小区车辆停放等问题，小区物业的进驻并没有让居民看到环境改善，反而是物业费用的提高，让居民难以接受。通过民主协商议事会、居民代表大会，小区居民与准物业公司进行交流，提出意见、建议，通过相互谅解，心平气和地解决存在的问题，使小区得到有效治理。

三、服务计划

（一）服务目标

老小区物业管理关系民生问题，关系到居民的安居乐业，也关系到社会稳定。但由于历史原因和客观条件的限制，使得老小区物业管理问题比较复杂。为了探索出一套适合老旧小区自身特点的有效管理模式，解决老小区收费难、管理差等问题，通过建立社区负责的组织保障体系，明确准物业管理服务的内容和标准，明确工作职责落实管理服务人员，加强从业人员培训教育监督考核。

（二）服务策略

新立里小区坐落在绍兴道与大沽南路交口，紧邻河西区政府，2014 年新立里小区提升改造，引入了准物业管理，以此改变存在小区乱停车、垃圾清运不及时、乱贴小广告、非本小区车辆停放等问题；但准物业的进驻并未得到有效治理，反而需要交纳物业费用，而物业工作人员的服务水平、门岗脱岗问题也让居民难以接受。社区居民委员会通过民主协商议事会、居民代表大会，小区居民与准物业公司面对面交流，提出自己的意见、建议，通过居民自治，使小区存在的问题得到有效治理。

（三）服务程序

1. 通过地区发展模式，实行网格化管理。由社区协商议事会协助物业把小区按区域划分成若干网格，由每个社区工作人员落实其中的一块区域，由物管员与社区工作人员、议事会成员共同对管理小区物业管理中居民投诉、邻里纠纷、物业费收缴等事务实行包干负责制。

2. 物业管理中的基本服务内容即保安、保洁、绿化和维修等“四线”采用分线负责、统一指挥的管理体制。其中保安设专职保安队伍管理，实现门岗 24 小时值班和小区内 16 小时巡逻，8 小时保洁。由物管员与小区志愿者共同监督物业工作人员的工作，避免清扫不及时、车辆乱放、门岗脱岗问题。

四、服务计划实施过程

社区居民委员会通过民主协商议事会、居民代表大会，小区居民与准物业公司面对面交流，提出他们的意见、建议，通过居民自治，使小区存在的问题得到有效治理。

（一）提高了服务质量和效率

社区化准物业管理实行的是网格化管理模式，每个社区工作人员都要对其负责区域中的物业管理相关事项进行包干负责制，有利于提高管理人员的责任心和服务质量。保安、保洁、绿化和维修等“四线”实行社区或街道统筹协调和指挥，有利于提高服务效率和质量。

（二）提高居民的满意度和交费率

由于实行网格化管理模式，社区居民委员会对物业从业人员和管理人员进行责任落实，能及时了解民意并满足居民要求。同时实施社区化物业管理，充分发挥和利用小区居民和社区相互沟通的桥梁作用，使居民对新型物管的满意度不断提高。

五、总结评估

老小区推行的准物业管理基本服务内容主要包括：门岗保安、停车秩序等公共区域秩序管理，清扫保洁、除四害等环境卫生管理，除虫、施肥等绿化养护管理，配合做好小区共有设施设备维修养护和房屋装修装饰安全管理，开展房屋共有部位小修养护等，这些基本服务项目的落实能基本满足业主需求，也与老小区总体水平档次相适应，并切实改善老小区居住环境能被业主所认可。同时准物业管理所包含基本物业服务内容，其服务管理成本相对较低，收费标准能与大多数业主的经济状况相适应，能相对容易地被业主所接受。

六、专业反思

老小区硬件环境差，社会困难群体相对集中，“四多一低”现象突出：老人多、低保对象多、下岗失业者多、流动人口多，经济收入低。而社区是介于政府与群众之间的群众自治性组织，是政府与民众之间的桥梁与纽带。这为社区领导和小区物业管理带来便利，这是组织相对松散的业主委员会和以盈利为目标的物业公司所无法比拟的。而且社区化准物业还存在着收费相对较低的优势，群众认可度高，是老住宅小区管理的一种有效模式。但准物业管理存在的问题也是显而易见的，管理松散、工作人员素质较差、服务不到位，常与居民发生冲突都是准物业公司要亟须管理的问题。把物业管理融入到社区管理之中，使社区的物业管理作为社区工作的重要组成部分，一并商量一并部署，有效地避免了社区与物业公司在管理上存在的“两张皮”现象，解决了大多数小区管理中存在的相互推脱，相互扯皮的现象，建立了统一管理、统一协调、工作负责的管理模式。

（作者单位：河西区大营门街道东莱里社区）

提升改造部分问题案例

齐秀梅

一、背景介绍

华江里二委社区始建于1995年，有产权单位7家，公产房居多，社区内只有一家房管站。居住在本社区的居民以老年人为主，社区房屋陈旧，屋内管道破损严重，修理又不及时，给居民带来生活上的困扰。2014年国家拨款对华江二委社区的房屋提升改造，更换上下水的水管、屋顶的二次节能、楼栋灯的改造和对讲门等。

二、分析预估

1. 华江里二委社区建造时间较长，产权单位杂，管理混乱，房屋问题不能及时地维修。

2. 上下水管道老化，漏水跑冒是经常出现的问题，给老年居民带来了生活上的困难。

三、服务计划

（一）服务目标

解决居民比较关心的改造上下水管、楼内灯、房顶问题。

（二）服务策略

1. 召开居民大会征求居民对改造的意见；
2. 召开党委会议讨论确定改造项目；
3. 选择最先改造的楼栋。

（三）服务程序

1. 开楼栋长会议，协商哪个楼栋最先动工；
2. 带领施工队入户观察施工场地，以及需要清理的地方；
3. 寻找第三方施工队评估一楼损失，并召开楼栋会议，讨论一楼损失金额的分担事宜。

四、实施过程

按照服务计划，定于2014年3月29日为华江里二委社区16号楼1门101室至609室更换下水管道，因为一楼是新装修的房屋，因此要对一楼破损的地面瓷砖和厨房的部分墙壁进行损失的分担，2014年3月27日在施工队作出损失评估后由101室至601室的居民、本楼的栋长及居民委员会工作人员三方共同协商，做到公平公正公开，最后以每户150元达成协议，29日顺利动工。有了101室至601室的示范，1门的105室至605室和109室至609室也顺利地如期动工更换下水道的管道。但在做到16号楼3门101室至601室时出现了问题，在做101室时与户主陈大爷商量一楼地面的损失时，陈大爷说自己已经和爱人商量好了，他家没有装修不需要楼上邻居的分担，自己负担所有损失。到了2014年4月12日早上7点作为包片主管的工作人员准时到达现场，提醒每位施工的师傅要轻拿轻放，楼上楼下跑了好几趟。当一楼的地刨开后，陈大爷的爱人又反悔了，自己家的损失太大需要邻居赔偿。工作人员解释道：陈大爷和您商量好不要大家分担损失，自己负担的。但是陈大娘矢口否认并气愤地说：陈大爷没有和她商量过，自己私自做主，是居民委员会哄骗老头同意的。面对无端指责，居民委员会工作人员只能默默忍受陈大娘的谩骂，不能还口。与陈大爷座谈时在场的居民及工作人员、居民委员会高主任和16号楼1门楼栋长龚洪荣，都向陈大娘作证当时陈大爷确实是这么说的，当陈大娘听龚大爷说，老陈就是这么说的时候顿时又哭又闹，就是不让开工，工程陷入了僵局。工作人员一边安抚陈大娘的情绪，一边与邻居们商量，给她家争取一些补偿。经过一个小时的奔波以每户补偿50元达成协议，收齐后交给陈大娘才恢复施工。在居民们看来，提升改造后的社区道路宽敞、环境优美、配套齐全、秩序井然、技防设备覆盖，偷盗等治安案件发案率大幅度下降，而小区房屋出租率和租金、房价则有了普遍攀升，而这“一降一升”也让社区居民拥有了实实在在的幸福感。

五、总结

通过此次社区提升改造，工作人员发现我们的工作还不够完善，如何应对突发事件考虑得还不够周全。今后要做好社区思想工作，要坚持服务大局、求真务实、与时俱进的原则，既着眼于当前，又要为社区未来着想，把解决思想问题同解决实际问题结合起来，探求新的工作思路，使之具有一定的前瞻性。在讨论有关社区发展的意见和进行重大改革时，对涉及社区居民切身利益的重要事项，要充分发扬民主，广泛征求群众意见，尊重群众意愿，充分考虑到可能给群众带来的实际问题和思想波动，提出相应的解决措施和处理方法，不能等出了问题之后再去做工作，充当“救火队”。社区工作者还要变等“上访”为主动“下访”，深入基层，深入群众，调查研究，超前预测，及时把握群众思想动态，提前分析形势的发展，努力把问题和矛盾化解在基层，解决在萌芽状态。

（作者单位：河西区东海街道华江里二委社区）

同在一片蓝天下

戴　萍

一、背景介绍

景兴西里社区是一个居民密度相对较大的老旧社区，是1995年由忠厚里、新合里一片平房改造后建成的居民小区，现有居民3354户、共计6990人，其中党员317人，低保户69户，特困户3户。辖区底商86家，社区有600多外来务工人员及其子女。外来务工人员的子女大多数就读在社区旁边的东楼小学，平日里，本地居民子女和外来务工人员子女很少往来。有一些本地居民子女看不起外来务工人员子女，外来务工人员子女也缺乏对社区的认同感和归属感。外来务工人员子女和本地居民子女经常发生冲突甚至打架，社区居民感到不满和不安。

二、分析预估

社区遇到的问题主要包括：

1. 外来务工人员及其子女与本地居民及其子女缺少沟通交流。
2. 本地居民子女对外来务工人 员子女存在偏见。
3. 外来务工人员缺乏对社区的认同感和归属感。
4. 本地居民子女和外来务工人员子女之间有冲突甚至暴力行为。
5. 社区资源的整合利用。

三、服务计划

（一）服务目标

通过开展社区宣传和社区活动，增进外来务工人员与本地居民、外来务工人员子女及本地居民子女之间的沟通和交流；使本地居民及其子女正确认识外来务工人员在城市建设中的作用；使外来务工人员熟悉社区，认同社区并培养社区归属感；合理开发和利用社区资源，共建一个和谐社区。

（二）服务策略

1. 开展社区教育，使本地居民及子女正确看待外来务工人员及子女。
2. 通过宣传使外来务工人员及其子女尽快熟悉社区。
3. 增进外来务工人员与当地居民相互了解。
4. 整合社区内、外资源。
5. 吸纳更多的本地居民与外来务工人员开展志愿活动。

（三）服务程序

1. 接案阶段。社区工作者入户走访本地居民及外来务工人员，进行访谈和调研，收集相关资料，与社区建立良好的专业关系。

2. 预估阶段。进一步全面收集资料，与社区居民和有关组织商讨并确定社区问题与需要；分析资料并作出预估摘要。

3. 计划阶段。制订社区服务的目标和计划。

4. 介入阶段。第一，紧紧围绕目标开展活动。第二，保证参与率。第三，注意整合各类资源。第四，注意发掘和培养社区领袖。

5. 评估阶段。对服务进行满意度评估、过程评估（执行情况）和成效评估（效果评估）。可以通过入户访谈、调查问卷等形式来测评服务的满意度。

6. 结案阶段。解除专业工作关系，最后撰写结案记录。

四、服务计划实施过程

1. 通过“我是城市新人”主题演讲和“城市在我手中长大”图片宣传等形式，开展社区教育，让本地居民及其子女认识到外来务工人员对城市建设作出的贡献。

2. 组织“社区一日游”活动，帮助外来务工人员及其子女认识社区，增加他们对社区的认同感和归属感。

3. 举办主题为“同在蓝天下，我们是一家人”社区联欢会，让外来务工人员及其子女、本地居民及其子女展示才华，增进了解，相互合作，建立友谊。

4. 合理安排社区活动室服务时间，通过举行读书会、棋类比赛、绘本故事、绘画比赛等项目，增进本地居民与外来务工人员及其子女的互动沟通，建立友谊。

5. 吸纳更多的本地居民与外来务工人员及其子女成为社区志愿者，共同为建设社区作贡献。

五、总结评估

对服务进行满意度评估、过程评估（执行情况）和成效评估（效果评估）。可以通过入户访谈、调查问卷等形式来测评服务的满意度。通过社区工作者的帮助，服务目标基本实现，外来务工人员及子女与本地居民及子女之间的关系大有改善。

六、专业反思

依据通用过程模式，社会工作案例基本上完成了以上的工作计划并达到了预期的目标，今后将强化社区已发生的改变，巩固服务效果。

（作者单位：河西区挂甲寺街道景兴西里社区）

远亲不如近邻

傅金金

一、背景介绍

景兴里社区是一个建于1986年的老旧小区，总户数1245户3210人，老年人口占小区人口的30%，属于老龄化小区。随着社会的发展，人们经济生活水平的不断提高，老年人充实的物质生活已远不能替补内心的孤寂。

二、分析预估

以前住平房时，邻里间开门就见面，关系好得就像自家人，互相都有个照应。可现在搬到这钢筋水泥建成的楼房里住了，却谁都不认识谁，几年下来有的邻居连招呼都没有打过。面对这种现象，社区工作人员看在眼里急在心里。怎样让邻里间像家人一样，大家一起交流，互相帮助，老年生活不再枯燥乏味！我们想了很多办法。后来，就请了社区里一位资深的老党员张汝森同志牵头，成立了一个社区民间组织“老年人互助队”。

三、服务计划

（一）服务目标

使社区内孤寡老人，空巢老人等真正实现老有所养、老有所医、老有所为、老有所学、老有所乐。

（二）服务策略

利用社区“五老”（即老干部、老战士、老专家、老教师、老模范）的带动力量，吸纳社区中的更多志愿者参与为社区服务的队伍中来。

（三）服务程序

先从老党员带头成立一帮一互助，然后按支部互助小组、互助分队，最后组成互助队。

四、服务计划实施过程

互助队成立后，不断开展活动、不断创新互访内容，吸收了大量的老年人队员。张大爷不顾自己有腿脚不好、血压高的毛病，日夜操劳，到处奔波。老人深知，人老了身体健康最重要，老年人首先自己应该关心自己，于是为互助队队员创建了健康档案。在张大爷的带动下，互助队为队员们检查身体，并为高龄老人提供上门服务，在别人看来，测测血压都是简单的常规检查。可对于70多岁的老人来说是多么的不易，互助队志愿者有时一连要跑几栋楼梯，第二天腿都一拐一拐地，但看到他们脸上的淡然，让人觉得敬佩。

为了让大家熟悉起来，开阔视野，互助队经常不定期地搞一些户外短途旅游，如蓟县三日游，河北野三坡二日行等。社区一位老党员，提到互助队赞不绝口：“人老了！孤独感就强了，互助队使我们大家聚在一起谈时事、唱歌、跳舞，生活充实了，人也开心了，活着更有乐趣了。”互助队里的老人们都是热心人，不管谁家有困难他们都主动去帮助，出主意、想办法、以正确的途径尽量使难题得到化解。队里有一位王大爷最近说话总是说东忘西的，有时看人的眼神也很迷离，队长张大爷很快就注意到了这点，由于王大爷老伴多年前就去世女儿又住得很远不方便照顾，于是张大爷就坚持每天去王大爷家，有一次见王大爷自己独自出去，张大爷就在后面跟着，果不其然王大爷忘记了回家的路，正在自己不知所措的时候张大爷一把抓住了他，跟他说：“老王你是不是要去找我下棋，我下楼迎你来了，走，跟我走。”就这样把王大爷安全地送到了家，还打电话联系上了王大爷的女儿，女儿表示近期会找保姆照顾父亲的生活，保证父亲的安全。

互助团张大爷还有剃头的手艺，定期在居民委员帮助社区内的老人们剪头，日子久了老年人越来越多，张大爷竟有些忙不过来了，社区工作人员就联系辖区内的美发工作室，动员他们一同为社区老年人剪发，他们不仅为本社区老年人剪发，每逢节日还会去老人院替那里老人们理发。

互助队成立以来，每到春节还会为社区内的老人们送“福”，互助队里有位于大爷写得一手好字，社区一搞活动就会请于大爷露两手，社区内大大小小的标语几乎都是于大爷写的，于是社区工作者们就邀请于大爷为老师教大家写大字，会写的人多了，互助队的张大爷便萌发了春节为老人们送福的想法，不要看这简简单单送到的一个福字，送到的可是大家的一片爱心，每当看着老人们一张张灿烂慈祥的笑脸，他们总是说“是互助队给我们带来的快乐和幸福”，看到老人们能这样开心让社区工作者也感到了同样的快乐。

五、总结评估及专业反思

社区工作者不一定必须都是社区服务的直接提供者，要学会引导居民自我管理、自我服务，让居民真正感到自己是社区的主人。社区建设依靠大家，社区正是通过“社区互助队”这一方式鼓励社区居民参与，最后建成一个物质生活、精神生活的共同体，这是社区未来建设的方向。

（作者单位：河西区挂甲寺街道美化里社区）

深化网格化管理　落实规范化服务

刘　静

一、背景介绍

当今社会高速发展，社区作为居民群众生活的共同领域，其管理工作的各项职能在发展中不断完善，社区管理工作的重要性日益增强。为了更好地发挥社区管理工作的作用，达到“凝聚社区力量，共建文明社区”的目标，通过不断的探索研究，“社区网格化的管理”已成为现代社区管理工作的重要模式。

二、分析预估

（一）社区开展网格化管理工作的优点

“网格化”管理模式，是以社区为平台，整合行政职能，优化资源配置，形成资源统筹、职责明确、灵活高效、综合协调的新模式，从而推动社区健康、快速、可持续发展，使得由社区职能带来的利益向社区更大范围辐射、使居民得到更多实质性的服务与保障。

1. 社区服务全覆盖，责任明确，管理规范。“网格化”管理工作是“责任到人、服务到户、巡查到点、奖惩到位”的规范化社区管理模式，各级网格管理人员工作职责更加明确，管理内容更加精细化，服务更加全面化，有利于实现“建好小网格，服务大民生”的工作目标。

2. 群众参与，居务公开。“网格化”管理工作的落实，倡导居民志愿者参与到社区建设与社区管理工作中来，真正形成齐抓共管的大好局面。

同时，在网格管理员的日常巡视、入户、宣传等工作中，可以促进社区居民对居民委员会工作的了解，实现居民委员会工作公开化，有利于提升居民对社区管理与服务工作的认知度。

3. 社区网格管理员与志愿者的日常巡查及各网格情况的及时掌握，与社区民警和片区协警的互动和时间上的互补，有利于进一步完善群防群治的治安网络，有效降低社区可预防性案件的发生，为居民的生活安全提供保障，使居民工作和生活安全感增强。

4. 服务全面，提高工作效率。社区工作者将提升自身对社区各岗位业务的熟悉度与临时性工作处理能力，第一时间为居民提供最有效的服务，形成人人是多面手的工作局面，使社区管理服务更加到位，使社区居民的诉求渠道更畅通、居民办事更方便。

5. 拉近社区与居民之间、政府与居民之间、居民与居民之间的关系，为居民提供最实际、最及时、最有效的服务。通过社区工作者和志愿者的走家串户，将社区工作深入到居民身边，有利于社区工作者贴近群众，了解民情，给居民提供力所能及的帮助，从而延伸服务空间，扩大服务范围，使社区与居民之间的关系更加密切。

6. 通过对社区各网格情况的实时掌握，使社区各项基本信息资料更加翔实，为社区建设与社区的常态、长效化管理奠定了基础。

（二）社区网格化管理工作开展过程中可能面临的问题

社区的飞速发展与居民群众需求的提升，使社区职能也在不断拓展，而社区目前普遍存在着基础设施差、流动人员多、社情复杂、管理难度大等情况，因此“网格化”管理工作在落实过程中可能会面临以下问题：

1. 社区工作者“一岗双责”，在抓好本职专项工作的同时，对各自分管“网格”的各项工作负责，包括网格巡查、入户、问题解决及各种专项工作的解答与服务等，对社区工作的时间要求与业务能力要求很高，社区工作者需要在合理规划时间的同时，既精通本职工作的业务，又要熟悉社区其他岗位的业务知识，成为一个“全能”的社区工作者。

2. 社区与各职能部门及小区物业之间可能存在协调困难的情况，使问题无法进行解决。

3. 社区居民对“网格化”管理工作的理解偏差。如社区在需要提供协调、推介与帮助等服务时，被居民将社区误解为执行部门。

4. “网格化”管理工作专项保障性资金的缺乏。在“网格化”管理工作的开展过程中，需要一定的专项经费作为资金保障，一方面为志愿者提供必要的保障，另一方面有利于日常紧急性问题的解决。

三、服务计划

（一）服务目标

坚持“三巩固三推进”的工作思路，以“双加强、双实现、双促进”为抓手，不断提升社区管理与服务水平，不断推进社区建设，努力打造和谐宜居的美丽社区。

（二）服务策略

1. 对社区工作者加强业务培训。加强对各岗位工作的熟悉程度，努力打造社区“全能型”人才；对工作时间进行合理规划，在不影响本岗位专项工作的基础上，实现周期性巡查，了解民情，同时充分发挥社区志愿者作用，使社区居民积极参与到社区管理工作中，共同营造文明和谐的社区氛围。

2. 合理的资源整合。加强与各相关职能部门之间的沟通与联系，联系未果的由职能科室进一步协调，确保问题尽快解决。

3. 加大宣传力度。以形式多样、简单易懂的方法向居民普及网格化管理工作制度与流程，促进居民对社区事务的正确认识与理解。

4. 强化经费保障。建议在不断优化网格结构和人员素质的同时，安排一定的专项工作经费，该经费一方面用作网格化管理服务专项资金，如提供相应的物质报酬，以更好地激发网格协管员、志愿者的工作热情；另一方面主要用于解决居民提出的紧急问题等。

（三）服务程序

依据地区实际，我社区不断细化社区管理，提升服务质量，按照权责分明、任务均衡、全面覆盖的原则，划分出 5 个区域网格，使每个网格成为社会管理和服务的基本单元和组织节点，通过对各类人群信息进行梳理统计，形成社区自主管理体系，以纵横交错的方式实现社区服务与网格化管理的全覆盖，实现社区管理和服务的全员化、信息化、精细化和责任化。

其社区在网格化管理的过程中，坚持“三级、两簿、一库”的工作方法，以社区主任为核心，建立一级网格监督员、二级网格管理员和三级网格协助员，做好巡查、记录“两簿”，建立了社区居民信息库。在具体的工作方法中，一是提高社区网格员的自身能力，实行“一专多能”，提供全面服务，提高工作效率。二是完善党建与社建的“双网格化”，促进“党网”与“社网”的有机结合，消除工作中的“盲点”和“空白点”。三是积极引导社区居民认识网格，减少因不了解而带来的误解。

四、服务计划实施过程

（一）巩固管理建设，推进落实社区建设新常态

一是加强队伍建设“常态化”，做到“三坚持”：坚持各项管理制度的落实，完善社区全体工作人员、义务巡逻队、志愿者服务队等队伍建设，做到在管理上下功夫；坚持全员业务培训，定期安排各队员业务的相互学习，打造一专多能的“全能型”服务人才，全面提升服务水平与办事效率，做到“一站式”管理与服务；坚持网格化管理机制，以纵横交错的方式实现社区管理与服务的全覆盖，动员志愿者参与到社区管理中，听民声、解民意，做到在服务上见成效。

二是加强社区管理“规范化”，落实“三到位”。重视社区秩序的安全与整洁，着力做好群防群治工作与环境卫生清整，切实落实“重视到位、规范到位、落实到位”。

（二）巩固服务建设，推进营造居民之家新氛围

一是实现文化活动“一站化”，打开“一扇门”。充分发挥居民之家“一站化”服务特点，为社区居民打开参与活动的“大门”，融入到社区中。如社区以终身学习服务中心与社区团队为依托，联合社区各文化团

队，组织开展了丰富多彩的文娱活动，让居民群众同享欢乐时光，营造温馨祥和的社区家庭氛围。

二是实现服务活动“贴心化”，搭建“一座桥”。关注居民需求，扎实为民服务，努力做到“接地气、贴民心”。加强困难家庭、边缘家庭、空巢独居老人等困难群体的走访慰问，将温暖送到他们家中；组织开展各类宣传教育、知识竞赛等，全面拓展了居民的知识面，营造了浓郁的学习氛围；组织各类党群活动的开展，有效密切党群联系、增进邻里感情，搭建起一座政府与居民间的“连心桥”。

（三）巩固品牌建设，推进拓展志愿服务新载体

一是促进特色活动“品牌化”，建设“一个家”。社区巩固“外来务工群体服务之家”品牌载体，组织开展了“节日慰问”“爱心助学”“青少年体验”“法制宣传”“健康教育”及“小候鸟志愿服务队”“小小红坎肩”等关爱帮扶、宣传教育、志愿服务等三大系列活动；为了给失独家庭提供更好的服务，社区以“向日葵俱乐部”为平台，组织开展了相应的慰问联谊活动，以新颖的活动方式与温馨的亲和力，使他们能够融入社区温暖的大家庭；拓展“爱心微行动”主题公益活动，以社区回收站为平台，号召社区志愿者积极参与，并利用“指尖西岸红”网络平台广泛发动在职党员积极参加“公益品”义卖与“微心愿”“爱心股”的认领，以上所得钱款全部汇集到社区“爱心基金”，用于社区应急扶贫助困，弘扬公益服务精神，营造和谐温馨的社区氛围。

二是促进公益活动“共建化”，铸就“一平台”。坚持资源共享、活动共办的原则，加强与辖区单位的沟通与共建，构筑“社区居民委员会—群团组织—辖区单位—社区居民”四方共建的工作格局。联合辖区单位，开展各类共建活动，增强居民与辖区单位的凝聚力和向心力，达到“让企业扩大影响，让居民得实惠”的目的，使共建常态化进行。

五、总结评估

在网格化管理与规范化服务落实过程中，社区管理与服务中取得了很好的成效。在此基础上，社区将继续健全精细化管理、深化网格化服务、

突出品牌化亮点，引导居民广泛参与社区志愿服务，提高活动参与率，努力打造和谐宜居的美丽社区。

六、专业反思

社会在进步、社区在发展，社区职能也在不断更新，我们需要在探索中逐步完善网格化管理模式，坚持以人为本、为民办实事、办好事的原则，创新社会管理服务机制，维护社会平安稳定，实现社区事务动态管理、长效落实的服务机制，使社区管理与服务水平得到有效提升。

（作者单位：河西区挂甲寺街道南北大街社区）

完善社区教育体系
实现社区文化大繁荣

杨 宽

一、背景介绍

1. 社会背景：根据《2016年度中国老龄事业发展统计报告》的数据统计，2016年，全国65岁及以上老年人口达1.1883亿人，老年人口基数庞大，我国老龄化社会程度加剧。老龄问题即老年人文化需求问题面临考验。老年人过去的社会劳动为国家积累了丰富的经验和财富，老年人应分享社会发展的成果。因此，改善中老年人生活质量，满足中老年人精神文化需求，同时充分利用老年人才，参与社区文化发展，实现社区文化大融合，大发展。

2. 2002年河西区区委、区政府下发了《构建终身教育体系，实施“512”市民教育工程，创建学习型社区的实施意见》文件，按照区社教办工作要求，以全面提高全民素质为出发点和归宿，积极探索社区教育新模式。

二、分析预估

（一）现状

挂甲寺街道地处河西区南楼商业中心，占地面积为2.63平方千米，人口共计8.03万人。其中60岁以上老年人1.2万人，占社区总人口数的14.5%，是一个老龄人口密集的地区，广大人民群众的精神文化需求日益旺盛。

（二）存在问题

1. 居民有学习的欲望和需求。
2. 缺乏高效的组织管理机构。
3. 经费支持未能到位。
4. 缺少居民展示的舞台。
5. 资源没有得到有效整合。
6. 缺乏高效率稳定的师资队伍。
7. 居民参与程度不高。

三、服务计划

（一）服务目标

通过整合街道居民及辖区单位资源，借助社区、社会的力量，加强对外交流与合作，努力提高市民学校自身办学水平，培养一批技术精湛的文化骨干，搭建起市民学校与社区文化交流合作平台，促进社区教育与社区文化共建共融，初步探索出了一条符合区域发展的市民学校与社区文化共建共融的发展之路。

（二）服务策略

1. 加大宣传力度，提高对社区教育的认识。
2. 进一步加大社区教育经费投入。
3. 重视社区教育师资队伍建设。
4. 搭建居民展示交流的平台。
5. 开展丰富多彩的展示活动。

（三）服务程序

1. 接案阶段。做好项目调研，在辖区内社区、文体团队、企事业单位进行调查。了解居民需求，摸底辖区文化资源等情况。

2. 预估阶段。进一步全面收集资料，与社区居民和有关组织商讨并确定社区问题与需要；分析资料并作出预估摘要。

3. 计划阶段。设定社区服务的目标和计划。

4. 介入阶段。第一，紧紧围绕目标开展活动；第二，保证参与率；第三，注意整合各类资源；第四，注意发掘和培养社区领袖。

5. 评估阶段。对服务进行满意度评估、过程评估（执行情况）和成效评估（效果评估）。可以通过入户访谈、调查问卷等形式来测评服务的满意度。

6. 结案阶段。解除专业工作关系，最后撰写结案记录。

四、服务计划实施过程

（一）初始阶段：（1~2月）

1. 2016年1月：做好项目调研，了解居民文化学习需求，在辖区内社区、文体团队、企事业单位进行调查。

2. 2016年2月：召开项目立项会。成立项目机构与组织人员。成立了市民学校创新项目领导小组及工作推动组，研究制订了项目长期规划，建立了各类相关制度；明确分工，专人负责。

（二）推动阶段：（2016年3~12月）

1. 市民学校与社区、单位合作正式开展（2016年3~12月）。

2016年3月初，项目双方按照合作意向书正式履行协议，市民学校舞蹈班、硬笔书法班、声乐班等13个班级分别派驻教师进入社区，指导社区组建学习班。并与辖区企事业单位合作开展文化活动共建。

2. “×××之夏”消暑纳凉晚会季（2016年7~9月）。

以舞蹈一班、舞蹈二班、京剧一班、京剧二班、声乐一班、军乐班6个学习班为牵头班级，在××文化广场搭台，每周搭台演出，为社区居民送上一场场文化的盛宴。

3. 第八届民间民俗文化艺术节（2016年9~10月）。

举办第八届民间民俗文化艺术节，包括“祖国在我心中”社区歌咏会，“匠心在民间”手工艺精品荟萃，“文化驻万家”社区文化广场季，

“文化进万家”文化培训等相关活动。

（三）查找不足，调整提升阶段（2016年10月）

召开社区教育工作研讨会。社区教育办公室负责人、街道办事处主任、街道文教科、市民学校管理人员、各班教师、学员代表、文化志愿者等多方代表。逐步对照工作落实情况，从教学成果展示和活动展示的反馈信息的基础上，对项目落实方案与目标之间的关系进行不断修正、补充，及时发现项目落实过程中的不足，针对居民教育需求变化，不断调整课程安排，开展形式多样的文化展示活动，重新拟订实施方案，扩大市民学校的影响力和居民的参与度。

五、总结评估

通过入户访谈、调查问卷等形式来测评服务的满意度。在社区工作者的帮助下，服务目标基本实现。

1. 通过社团竞争机制，选拔优秀社团加入市民学校，成立班级，提高市民学校教育质量，为市民学校提供新鲜血液。

2. 通过“团进班、班育团，班团带社区”的模式探索，实现市民学校与社团联盟，推动其结对共建，提高市民学校的办学水平，促进市民学校的良性发展。

3. 市民学校与社区文体团队强强联合，凝聚人才资源，培育出一批业务精湛，甘于奉献的师资力量和社团骨干力量。

4. 结合“搭建服务平台 共享文化盛宴”文化教育惠民“365”行动，通过签订合作协议的方式，实现市民学校与社区、各社区、辖区单位牵手共建。

六、专业反思

依据通用过程模式，社会工作案例基本上完成了以上的工作计划并达到了预期的目标。以适应社区文化教育的发展需要、培养基层文化教育骨干的需要，提高素质和增强能力的需要，大胆探索实践，建立了一个纵向到底、横向到边的文化教育培训体系，形成了“大学校、大课堂、大服务、大文化”的市民学校教学和管理体制改革新格局，提高了社区居民科学素质，丰富了社区教育内涵，取得了明显的成效。

（作者单位：河西区挂甲寺街道）

业主委员会换届选举

丰梅霞

一、背景介绍

金海湾花园物业小区处于业主委员会换届之际，由于部分业主对物业服务的不满意，将矛盾转至上届业主委员会委员，业主委员会也由于管理和经验不足，没有规范地履行业主委员会职责。在业主委员会换届期间产生了矛盾分歧，部分业主认为上届业主委员会没有很好地履行职责，并存在违法行为，属于不合法的组织，而由其牵头新一届业主委员会的换届也属于不合规矩的。而业主委员会认为三年来小区没有重大事故，也定期开会研究社区事务，同时业主委员会在上级机关备案，属于合法组织，而且业主委员会换届工作也属于业主委员会的工作职责之一，业主无权阻止业主委员会履行职责。

二、分析预估

部分业主情绪激动，多次找到居民委员会要求停止业主委员会换届选举工作，并扬言要组织社区居民集体上访。业主委员会委员工作积极性受到打击，无意继续工作。

三、服务计划

（一）服务目标

业主委员会换届工作在居民委员会的指导和监督下有序开展，选举出新一届业主委员会。

（二）服务策略

发挥社区民主和监督的职能，召开党员大会、楼栋长会听取居民的意见，召开联席会议正确指导和监督业主委员会换届工作。

（三）服务程序

1. 政策学习和指导，换届程序的指导。

2. 召开党员大会、利用微信平台向社区团队、社区在职党员介绍业主委员会换届相关宣传。

3. 召开联席会议。

4. 依法依程序选举出业主委员会成员。

四、服务计划实施过程

1. 政策指导。

加强政策学习和指导，和物管员一起熟悉《中华人民共和国物权法》《天津市物业管理条例》《天津市业主大会议事规则》《管理规约》等相关法律，为业主委员会换届提供法律支持。在实际换届过程中咨询街道综治办、向社区律师咨询相关法律条款。

2. 稳定业主情绪。

对于热情参与的业主给予肯定，但居民委员会指出，业主委员会换届在推选社区业主委员会候选人时必须依照法律，期间业主应按时交纳物业费，认真履行业主义务。

3. 发动志愿力量。

利用党员大会、利用微信平台向社区团队、社区在职党员介绍业主委员会换届相关规定。走访社区有一定威望的业主，了解业主需求，以及对业主委员会换届的期望。在业主委员会委托下发挥楼栋长、党员、在职党员、文化团队等志愿者力量，参与社区业主代表推选。最终选举出的业主委员会成员有党员、有在职党员、有热心业主，大家都是一心想为社区做些事，想改善社区管理的不足。

4. 联席会议。

组织业主委员会、派出所、热心业主召开联席会议。把问题摆在桌面上，把事实分析透彻，用法条约束过程，用民心监督过程。

5. 选举公平公正，民主监督在前。

换届选举的每一步都严格依法依程序，全过程有业主、党员、居民参与监督，选举出业主委员会成员。在换届选举全过程进行全程录像，在计票过程中邀请第三方计票，保证选举公开、公正。

五、总结评估

在业主委员会换届工作中，居民委员会的地位是指导和监督业主委员会履行职责开展换届工作。

六、专业反思

商品房小区业主委员会选举有法可依，但业主委员会委员都是义务为社区服务，能力和精力都有限，如何提高业主委员会委员的办事和处理的能力，提升业主的参与和关注，是社区治理的方向。

（作者单位：河西区柳林街道金海湾社区）

维护社区环境　建设美丽社区

吕　蕾

一、背景介绍

天津市河西区柳林路柳林东里小区隶属柳林街道二疗社区，小区于2014年进行旧楼区改造，辖区内12座楼栋墙壁重新进行了粉刷，每个楼门安装了电子对讲门，使在此居住的居民感觉到居住环境得到改善，大家对此十分欣慰，并且自觉维护。2016年4月11日上午，家住柳林东里5栋3楼的居民李奶奶发现一陌生女子在楼道内张贴小广告，于是李奶奶上前加以阻止、口头教育，此女子态度强硬，出言顶撞、辱骂李奶奶，双方发生争吵，产生矛盾。此案例就是调解居民与张贴小广告人员之间的矛盾。

二、分析预估

居民李奶奶——年岁大，言语间或有过当表述，发生争吵后情绪激动。

张贴小广告的女子——自知理亏，态度强硬，拒不承认错误，出言辱骂李奶奶。

三、服务计划

（一）服务目标

在调解人员的耐心调解下，张贴小广告的女子向李奶奶道歉，并清理小广告，化解双方矛盾。

（二）服务策略

明确此名女子的错误行为，摆清事实，讲明道理，通过引导教育主动向老人认错，并及时弥补自己的错误行为。

（三）服务程序

沟通—厘清事实—劝说教育—解决矛盾—建设美丽社区。

四、服务计划实施过程

2016年4月11日上午，李奶奶急急忙忙来到居民委员会，说有一名女子在小区内张贴小广告，自己进行劝阻，此名女子不但没有停止张贴小广告，还对自己骂骂咧咧。言语间李奶奶情绪非常激动，十分生气。

居民委员会调解人员一行4人，根据当时情况，分成三组：A组（1人）安抚李奶奶情绪，劝说她不要生气，等李奶奶情绪平静后详细了解事件始末；B组（2人）分别逐栋寻找此人，并查看小广告张贴情况；C组（1人）在小区出入口处排查此人。在大家的通力合作下，在李奶奶的确认下，最终找到了这名女子。

此名女子在见李奶奶后，不但没有悔过，对李奶奶更加出言不逊，言语中带有威胁，还拒不认错。居民委员会调解人员指出：此人张贴小广告的行为本身就是错误的，对劝阻人进行人身攻击更加不应该，老人年事已高，换位思考也不应该对老人加以辱骂，并且要求本人将已经张贴的小广告进行清理。然而，此名女子仍不服气，拒绝道歉，亦不清理。

在社区调解人员耐心细致地调解和反复劝说下，这名张贴小广告的女子最终向李奶奶道歉，并答应清理小广告，纠纷得到化解。当天中午，该女子清理了张贴的小广告。2016年4月13日，居民委员会人员来到柳林东里5栋李奶奶家，了解老人近况，老人表示已经不再生气了，近日也未发现有张贴小广告的情况，事件得到圆满解决。

五、总结评估

居民对张贴小广告与刷小广告的行为和人员本就极为反感，这在某种程度上表明居民爱护居住环境的意识越来越强。建设美丽社区，环境卫生是其中最为基础和重要的一环，此类矛盾纠纷不在少数，明确责任归属，采取合理的方式阻止处理，是解决此类矛盾纠纷行之有效的手段。

六、专业反思

在实际的调解工作中，要综合性运用各学科知识，融会贯通、整合资源，有助于人民调解工作的开展。居民在来到社区后，往往情绪激动，对于纠纷事实的表述也大都混乱无序，给调解工作带来一定困难。在处理这类纠纷时，作为调解人员，一定要在当事人表述纠纷事实时，保持思路清晰，尽快找出主要矛盾点，才能帮助当事人提出解决问题的方案，达成调解。

（作者单位：河西区柳林街道二疗社区）

丰富老年人生活
让爱在社区扬帆起航

王洪维

一、背景介绍

柳林街道腾华里社区地处柳林地界，辖区总面积0.26平方千米，属于新、老社区结合的城乡结合社区，社区共有在册户籍3910户，人口10192人，多为外省籍务工人员及老年人等困难群体。社区居民的人员结构比较复杂，文化程度参差不一，综合素质有待进一步提高。

二、分析预估

通过对社区人群的特点及兴趣爱好的分析，社区老年人比重占社区总人数的1/3。其中，大多数老年人以带孩子为主，退休后生活极为简单，为进一步丰富老年人生活，社区打算为他们提供他们喜爱及适合的娱乐方式。

三、服务计划

（一）服务目标

建立一支老年人广场舞健身队。

（二）服务策略

建立老年人情况档案、制作调查问卷、入户走访。

（三）服务程序

入户调查、培育社区社会组织、建立广场舞社团。

四、服务计划实施过程

第一步：入户调查

采取入户调查的方式，利用近一个月的时间，到三个小区挨家挨户调查走访。通过调查了解，社区工作人员将入住居民的年龄结构、政治面貌、个人爱好、家庭经济状况和生活需求等分门别类进行整理，建立一套较为完整的基础台账，为今后制订社区规划提供了第一手资料。

在调查过程中，社区工作人员一直强调“要带着疑问走访”，通过走访，认识了一大批居民中的热心人，这些热心人使我们起初的疑问找到了答案，概括起来就是“整合社区优质资源，发展培育社区社会组织，切实服务社区居民”。

第二步：培育社区社会组织

在近一个月的入户摸底中，得知居民对文化生活的需求很大，特别是老年群体，闲暇时间多，学习热情高。社区决定以丰富居民文体活动为起点，从最基本的广场舞培训入手，带动一部分人提前跳起来。于是，文艺骨干买音响、找音乐，也花费了不少心思。功夫不负有心人，社区一位叫鲁新的退休老人和老伴作为社区广场舞的带动者，开始了每天的广场舞训练。每天晚上 7 点，鲁师傅和老伴都会准时出现在西柳公园广场，等待更多的居民参与到广场舞健身队伍中来。鲁师傅对他们讲，起初培训时的辛苦，“因为很多人一点基础都没有，几乎是抬着他们的腿教会第一个舞步。”但是鲁师傅没有泄气，他甚至在空闲时间到居民家中进行指导，说是要先培养出一批文艺骨干，这样可以教会更多的人。在他的带动下，社区开设广场舞的消息在社区传开来。那些失业人士、休息在家、生活单调的中老年群体也开始接受社区广场健身这个新鲜事物了，现在一年的时间过去了，队伍已经达百人以上。鲁师傅总说：“现在很多邻居都成了我的学生，她们亲切地称呼我为老师，我们已经成为一个团体，这种感觉很幸福，就像自己的家一样。”

五、总结评估

健康向上的社区社会组织把我们与社区居民的心拉得更近了，我们工作上的困难、居民生活上的烦恼，在这唱唱跳跳中得到了很大的缓解和释放，可以不夸张地说，我们与很多善良、勤劳、热情的居民志愿者就是通过广场舞结识的。社区广场舞健身队不仅繁荣了社区文化，活跃了居民生活，密切了邻里关系，增强了社区活力，已经成为社区一道亮丽的风景线。

（作者单位：河西区柳林街道腾华里社区）

走百家门　知百家情
解百家难　暖百家心

张美丽

一、背景介绍

社区居民的特点是老龄化问题严重，但老年人非常和蔼可亲，善于沟通，也都支持社区的各项活动。作为社区工作者，要珍惜每一次服务的机会，不断地深入居民家庭，经常出现在社区居民之中，与社区居民“打成一片”，在日常“拉家常、打招呼”中，深入了解他们的需要，想之所想，做之所做。

二、分析预估

在为社区老年人服务时要有爱心、有热心、有耐心，就像对待自己的父母一样，而且要挖掘社区骨干的潜能，发挥各自的特长，组织好他们开展健康教育活动。

三、服务计划

（一）服务目标

提高社区老年人生活幸福指数。

（二）服务策略

根据老年人的兴趣和身体情况，开展健康知识宣教活动；因人而异组织开展老年太极队、舞蹈队、合唱队、棋牌队等社团活动；联谊社区共建单位资源，开展心理咨询活动和老年人小组活动；为生活困难的老年人提供救助服务。

（三）服务程序

沟通—建立关系—提供服务—解决问题—建设和谐社区。

四、服务计划实施过程

按照“走百家门、知百家情、解百家难、暖百家心”“四百”活动的要求，深入社区，为社区困难群体解决问题，提供服务。记得有一次我到刚接手的自然小区入户走访时，有一位老年人我几次去她家，她都不愿开门，隔着门缝与我交流，我从老人的眼神中感到一种无助，那种眼神使我对她难以忘怀。从此我就特别关注她，并且不愿放弃与她交流的每一次机会，几次接触后老人开始向我倾诉自己的困难。她是一位82岁的丧偶老太太，患糖尿病、心脏病多年，有两个儿子，一个在身边40岁未婚，一个不在身边很多年没来看望老人，后来我从其他渠道知道不在身边的那个儿子出车祸死亡了，但老人不知道，还盼着儿子回来。老人虽然有不多的退休金但因病花费很大，未婚的儿子因为要照顾老人，无法出去工作，生活非常困难，而且不善于交往，生活得很不幸福。于是，我就把老人的家庭收入情况和看病的花费情况向救助部门汇报，替她申请了临时救助，亲自送到老人手里，老人感动得掉下了眼泪。从此以后老人把我当成亲人，后来儿子通过我的政策宣传，也申请了最低生活保障救助。母子俩的性格也开朗了很多，儿子在力所能及的情况下也主动参与社区开展的各项志愿服务活动。

五、总结评估

1. 通过开展健康知识宣教活动，向老年人传授自我保健、预防疾病的知识，使其了解老年人常见病的发生、发展，培养老年人对疾病的自我观察、自我判断、自我治疗、自我护理、自我预防能力，并掌握简单的自救方法。大力开展戒烟宣传，引导老年人戒除不良嗜好，培养良好的生活习惯，减少各种疾病的发生。

2. 根据老年人的兴趣和身体情况，因人制宜地组织开展老年太极队、舞蹈队、合唱队、棋牌队等活动，使他们的晚年生活更健康、更愉快，更幸福，感到社区大家庭的温暖。

3. 整合社区共建单位资源，开展心理咨询活动和老年人小组活动。社区中还有很多老年人受其生理特点和诸多社会因素的影响，在心理认识、情感、意志、性格等方面出现不同程度的焦虑、抑郁、暴怒甚至精神崩溃、绝望等心理状态。我邀请医务人员为老年人提供心理咨询和组织老年小组开展各种互动活动，协助他们与外界接触，克服孤独感，使他们逐渐恢复自信、自强的健康心理，消除内心的焦虑，保持心理平衡。

4. 为生活困难的老年人提供救助服务。

六、专业反思

2003 年 3 月，我开始从事居民委员会工作，十几年来，我在干中学，在学中干，感觉我做的每一件事都特别有意义。在工作中，我更坚定了理想信念，明确了政治方向，全心全意为人民服务，满足社区居民的物质文化需求，收获了成功的喜悦，工作的能力得到了很大的提高，应对困难的勇气、迎难而上的精神也得到了很大的提升。因为快乐使我充满了获得知识的欲望，因为爱使我把这项工作当作事业来做。我经常对家人、朋友说：“居民委员会是锻炼人成长的阵地，是构建和谐家庭、构建和谐社会的使者，为我们搭建了实现自身价值的平台。”

（作者单位：河西区柳林街道）

中秋节老少同乐做月饼

黄　宁

一、背景介绍

文静里社区在马场街“一居一品一特色”中的定位为“文化型”社区，居民素质普遍较高，对参与文化生活积极性较高，特别是对欢度传统节日感兴趣。但由于条件限制，往年中秋节活动搞不出特色，一般只是慰问社区困难、病重家庭。

二、分析预估

文静里社区属于上海道小学学区片，社区里的住户大都是三代同堂，举办亲子活动较能调动这些居民的积极性。中秋节作为中华民族传统节日，深受居民喜爱，结合亲子参与，寓教于乐，效果锦上添花。

三、服务计划

（一）服务目标

把社区未成年人及家长、空巢老人、志愿者聚集一堂，让志愿者教孩子们做月饼，再由孩子们将亲手制作的月饼分享给空巢老人们一起品尝，在欢度传统佳节的同时，传承中华民族尊老爱幼的传统美德。

（二）服务策略

活动分为：讲故事、做月饼、分享月饼等三个环节，环环相扣，全程亲子互动，充分调动大人、小孩的积极性。

（三）服务程序

1. 撰写活动方案，确定活动时间。
2. 通知社区未成年人、家长、空巢老人、志愿者。
3. 准备活动所需食材，活动用品。
4. 活动当天居民委员会工作人员分工到位。
5. 按照活动方案开展活动。
6. 总结活动效果、工作经验。

四、服务计划实施过程

通过前期走访，了解到社区居民渴望多参加社区文化活动，但由于条件限制，很多活动不能很好的开展。因此，社区在这次中秋节活动策划上，根据社区现有条件，从可行性上多加考虑，因为没有烤箱，社区工作者决定教居民制作冰皮月饼，冰皮月饼造型美观，口感很好，制作简单，孩子们易学，容易掌握，颜色丰富，增添节日气氛。

在制作月饼的同时，社区考虑了寓教于乐的环节：首先我们请社区志愿者准备了和月饼有关的具有教育意义的小故事；其次社区安排了部分空巢老人参加这次活动，让孩子们将做好的月饼和他们分享，传承尊老爱幼的传统美德。

在组织居民参与方面，因为活动新颖有趣，得到居民的普通欢迎和积极响应，参与人员人数超过预期。

活动前，给社区工作者及志愿者开会，让大家熟悉活动当天流程，并安排分工。活动当天，各司其职，保障了活动井然有序地顺利进行。

具体过程：

中秋佳节是合家团圆的喜庆日子，而月饼则是中秋必不可少的美食。为了让社区未成年人感受中华传统节日文化，让空巢老人感受节日温暖，文静里社区特利用周二下午的“快乐营地”时间，举办了一场别开生面的老少同乐做月饼活动。

此次活动共分三个部分。首先在工作人员准备材料的同时，由社区关工委成员高老师给孩子们上了一堂生动的中秋民俗知识课，高老师幽默风趣的语言深深地吸引了在场的每一个孩子，大家都听得津津有味。更值得一提的是，在他精心编撰的教学提纲中，添加了一段和月饼有关的抗日革命故事《半块月饼》，普及民俗文化的同时，还加强了对孩子们的爱国主义教育。

第二部分就是孩子们最期待的做月饼环节了，社区工作人员提前准备好了月饼粉、奶油、牛奶和豆沙馅，为了方便孩子们制作，这次特意选了操作简单的冰皮月饼制作。高老师和社区志愿者李奶奶耐心细致地给孩子们示范做月饼的步骤。许多小朋友都是第一次动手做月饼，一开始难免有些手忙脚乱，摸不着头脑，但是很快地，在大人的指导和帮助下，他们很快掌握了制作要领，做得兴致勃勃、还不时相互探讨着做法。很快，一个个圆圆的月饼在大家的手中诞生了，而且还有模有样的。

最后一个环节，孩子们将亲手做好的月饼送给在场的社区空巢老人品尝，让孩子们感受“分享”的快乐。只见孩子们将手中的月饼一切为二，和爷爷奶奶们一人一半一起分享。在场一名小朋友高兴地说：“我们自己做的月饼真香！”爷爷奶奶们也说：“你们做的月饼真甜！”欢声笑语不断，文静里社区活动室内，洋溢着满满的温暖和甜蜜。

感受中秋温情，品味中秋味道。这次活动中，让孩子们感受到了亲自动手的快乐，同时更深刻地理解了中秋节的含义，并且让社区空巢老人感受到了节日温暖。老少同乐欢聚一堂，更能在月饼中品出中秋特有的韵味。

五、总结评估

对于社区居民来说，这是一次新颖的中秋节活动体验，不但是孩子，而且很多家长也没有自己做过月饼，所以能亲自动手制作月饼，得到大家的普遍欢迎。通过这次活动，了解到居民参与社区活动的积极性非常高，他们需要社区为他们搭建更多的平台，积极参与社区建设及活动。同时，孩子们在活动中学会了动手操作、团队协作、分享成果、尊敬老人，寓教于乐。

六、专业反思

随着时代发展，居民对社区生活的要求越来越高，作为社区工作者，日常的工作不再是被动地解决居民提出的诉求，更多的是需要为居民搭建平台，展示自己、联络感情、丰富文化生活，他们对社区、居民委员会充满了期待，给予很高的期望。基于此，社区需要主动、积极地创新工作方式，开创社区工作新的局面。

（作者单位：河西区马场街道文静里社区）

拆除违章搭建　打造宜居环境

王　喆

一、背景介绍

旧楼区综合提升改造工程是天津市委、市政府重点抓好的民心工程，各级领导对此项工作高度认识。本项目的建设对于加快我市旧城改造步伐、树立城区优美整洁的都市形象、提高土地的有效利用率有着良好经济意义和重要的社会效益。

2013 年下半年，云水园社区居民委员会辖区内 T 小区被列入该年度旧楼区提升改造工程名单中，这是一件利国利民的好事，不仅可以提升天津市整体环境面貌，还能给社区居民创造良好的宜居环境，可谓是一项双赢的好工程，云水园社区积极配合工程开展，努力做好前期准备工作。

二、分析预估

开展旧楼区综合提升改造工作需要居民委员会积极协调全体社区居民配合工程进度，及时处理违章搭建、私搭乱盖、楼内堆物等问题。由于涉及面广、问题矛盾突出，且存在大量历史遗留问题，工作难度较大。

三、服务计划

（一）服务目标

拆除违章搭建，保证工程顺利进行。

（二）服务策略

1. 加大宣传、营造良好氛围。
2. 由易到难、各个击破。

（三）服务程序

1. 做好前期宣传工作，提升居民对工程的认知度。
2. 鼓励社区居民自觉清理违章搭建和堆物，营造良好的氛围。
3. 对于不配合的居民深入细致地做工作，努力保障工程顺利开展。

四、服务计划实施过程

旧楼区提升改造工程包括下水道改造、楼内外墙面粉刷、煤气软管更换、社区甬路修补等项目，在工程开展之前需要社区工作者配合做好违章拆除和堆物清理等工作，以保障工程顺利开展。

首先，社区工作者做了大量的政策宣传，提高居民对该工程的知晓度和认知度，让居民充分了解该工程对美化社区环境、提升居住舒适度的重大意义。并告知社区居民需要配合做好前期工作，鼓励居民自行拆除违章搭建和楼内外堆物；同时，社区还与街道城管科协调对清理出的废物及时进行处理，并组织社区工作人员参与到废物清运工作中，营造了良好的清整氛围。对于个别难点、重点户要深入细致地做思想工作。

下面就来介绍一个拆除违章的实例：

自工作开展以来社区工作者首先对 T 小区进行了整体规划，根据日常工作的积累对小区清整工作难易程度做了初步规划，将社区内十余户居民作为重点难点工作提到了工作议程上来，刘大爷就是其中一户。

刘大爷是 T 小区 5 号楼 4 门 201 室的居民，平时家里只有刘大爷和老伴两个人居住，两个女儿早已成家，是典型的空巢老人。刘大爷虽然家住二楼，但窗户下的空地早已被刘大爷打造得“有模有样”了，俨然是一间“小型旧物展览室”，里面摆放着各种佛像、工艺品等，是云水园社区的遗留问题，多年来从未得到清理，成为此次工作中的重点和难点，针对这个问题，社区工作人员共同商议，决定采取迂回的方法来处理。

刘大爷平时喜欢在楼下整理自己的“小展室”，社区工作人员就从刘大爷周围的居民开始着手进行清理，首先营造自觉清理的氛围，同时在清理过程中有意无意地与刘大爷交谈，在交流中发现刘大爷的“小展室”虽是社区多年存在的老问题，但刘大爷却是一个通情达理又乐观的老人，社区工作人员了解到原来这些所谓的“展品”都是刘大爷平时在外面捡回来的，觉得扔了挺可惜的，就捡回来装饰家里和小区，时间久了就有了现在的“小展室”，他说平时子女工作忙不能常伴左右，就用这些老物件来打发时间，令社区工作人员感到意外的是这“小展室”里还藏着一辆流动“雷锋车”，刘大爷平时就是骑着这辆小三轮在路上为过往的行人提供免费的自行车维修。

了解到这一情况后，原本以为是为了一己私利搭建的违章小屋瞬间变得温暖了起来，但小屋的存在虽暖人心，却仍会影响社区整体环境的提升，拆除违章也势在必行。于是社区工作人员决定入户和刘大爷进行一次深入的交流，争取找到好的解决方法；同时及时将这一情况如实地反映到了街道城管科，经过反复的斟酌和商议，最终刘大爷表示支持旧楼改造，同意拆除违章搭建，但希望能给他的流动“雷锋车”一个安身之所，对此城管科协调多方力量，答应在拆除违章搭建后单独为“雷锋车”设立一个“地龙”，防止刘大爷的“雷锋车”被盗，同时将这一暖心的好事一直延续下去。

清除违章那天城管科专门调配了一部挖掘机对违章进行了拆除，并请工人师傅为刘大爷安装了一个“雷锋车”地龙，同时与周围居民解释清楚刘大爷平日做的好事，让这种正能量在T小区蔓延开来，得到了周边居民的一致支持和认可，刘大爷也对“雷锋车”的新家很是满意，露出了欣慰的笑容。

五、总结评估

该案件中基本达到了预期效果，成功说服居民清理违章搭建，但在工作过程中发现了新的情况，考虑到问题特殊性，拆除后又帮助刘大爷做好重建工作，同时与其他居民解释清楚新“地龙”的用途和意义，使社会正能量得到有效发挥。

六、专业反思

社区工作不同于其他任何一种工作，社区是政策的倡导者、先行者，但更应成为社区居民的贴心人，社区要做的不是机械化地落实政策，我们要做的是将政策转化成有温度的政策，让居民群众感受到政府的温暖、政策的本质，这样群众才能安居、才能乐业，社区的工作才做得有意义。

（作者单位：河西区梅江街道云水园社区）

社区开展消夏纳凉晚会工作案例

罗兰花园社区

一、背景介绍

提起社区民乐队，在罗兰花园社区无人不知，无人不晓，人们都知道这支队伍。2016 年 7 月 4 日，社区民乐队在儿童花园举办了一场消夏纳凉晚会，悠扬的旋律，优美的乐声，博得居民们热烈的掌声，并得到了街道领导的充分肯定和高度评价。

罗兰花园民乐队组建于 2007 年 6 月，创办人叫闫国柱，是社区居民，现为社区民乐队队长，也是公司的文艺骨干。民乐队开始只有四五个人，每天下午在人民公园吹拉弹唱，没有固定场地。后来这支队伍壮大到 15 人，他们在和平区某个社区活动，离家较远，那年罗兰花园社区没有活动室，当时的姜主任也是爱莫能助，后来有了地下活动室，姜主任亲自去了一趟闫老师家，请他们回到自己的社区活动，民乐队的老师们非常愿意回家，当时就答应了。从此他们活动的地点就在社区文化活动中心。有了活动场所，在社区的大力支持下，民乐队发展到 22 人，最大的年龄 67 岁、最小的 46 岁。经过不断充实、调整，现已成为罗兰花园社区颇具有活力和实力的民族乐队之一。乐队大多是由退休人员组成，有的以前担任过音乐老师、有的是企业文艺骨干、有的是剧团退休人员。主要是该民乐队为社区广大居民提供广阔的艺术实践舞台，成立以来，先后为街道和社区居民演出多场，成为罗兰花园社区的一支特色艺术团队。

二、分析评估

活动定于2016年7月4日晚上，初步预计如果当天有雨则可以往后顺延，如果晴天活动则照常举行，因为以前也开展过消夏晚会，反响很热烈，所以活动只要正常发挥就行。

三、服务计划

(一) 服务目标

弘扬先进文化，活跃社区群众文化生活。不仅为辖区居民送去精彩丰富的节目，同时也拉进了居民之间的距离，增强了社区的凝聚力、向心力。我们将共同努力为构建文明和谐罗兰花园社区，共创美好家园作出新的贡献。

(二) 服务策略

罗兰花园社区消夏文化晚会通过对“弘扬文化”的深层次宣扬，动员社会大众一起来关注我们共同的精神家园，将社区文化上升为一种社会热点话题，这是我们的整体策划思路。

(三) 服务程序

（时间商定）大致流程：宣传—准备节目—整理节目单—安排时间—晚会进行—后期宣传及总结。

四、服务计划实施过程

1. 第一组：宣传组：组员（2人），任务：一是初期利用横幅、通知、传单等方式开展宣传本次活动；二是晚会期间现场拍照。

2. 第二组：节目演出组：组员（4人），任务：一是完成节目收集、筛选及后期的排练、彩排工作；二是主持人（1人）的选择、形象设计及台词审核；三是负责节目的编排及晚会全流程的衔接。

3. 第三组：安保后勤组：组员（3 人），任务：一是负责晚会现场秩序，处理突发事件；二是负责将乐器安全送回活动室；三是活动结束后，做好现场的清理和打扫工作。

五、总结评估

罗兰花园社区的民乐队成立较早，他们曾参加了桃园街道举办的安居节开幕式活动，多次参加了社区组织的各项文化活动，成为社区的明星团队。整场晚会都是他们自己编排的节目，12 首中国名曲尽显专业功底，由乐队成员演唱的歌曲也是由他们伴奏的，毕丽君老师演唱的《牧羊曲》更是将晚会推向了高潮。

社区居民觉得在这炎炎夏日能看到这么高水平的演出，真是有眼福，很多观众希望经常举办这样的活动。此次消夏晚会丰富了辖区居民群众的精神文化生活，也为社区文化队伍和热爱才艺表演的居民群众提供了展示的舞台，为营造和谐美好的社区氛围发挥了积极作用。

六、专业反思

这支队伍在演奏水平上已经很专业了，他们的舞台经验，现场发挥都已成熟，他们的节目得到了社区居民的热烈欢迎，今后多排练一些更能贴近居民生活的曲目，多增进与现场观众的互动。

（作者单位：河西区桃园街道罗兰花园社区）

社区文化阵地聚人心

李　彤

一、背景介绍

近年来在物质生活水平不断提升的同时，居民在精神文化方面的需求也日趋强烈。尤其是自2015年连荣里社区和安德公寓社区合并以来，原先的安德公寓社区由于受到地理位置、基础设施、群众基础、财力支持等方面的制约，居民文艺活动单调，社区文艺骨干人数和水平有限，也得不到专业授课教师指导与帮助，不能满足广大社区居民的精神文化需求。如何整合社区资源，充分发挥社区自身优势，更好地推进社区文化阵地建设，形成社区文化活动由社区引领组织转为自觉有序开展，逐步形成以活动聚人气、以人气凝人心，全面推进和谐社区建设的良好局面，是现阶段社区研究的主要内容。

二、分析预估

（一）硬件设施“先天不足”

原安德公寓社区的主要文化场距离居民委员会较远，且地处公寓地下室，阴暗潮湿，不适于长期开展活动。

（二）人才基础“参差不齐”

文艺骨干数量有限，水平有限，而且长期得不到专业人员的指导和帮助，在社区不能充分发挥其特长。

（三）社区资源“有待整合”

社区老年人较多，活动针对性不强；辖区单位缺乏与社区的共建联系，未能发挥自身优势，且社区文化建设缺乏有效的管理组织。

三、服务计划

（一）完善管理规划，保障发展方向

居民委员会要在社区文化建设中发挥引导作用，制定符合本社区居民精神需求的网络管理机制，职责分工，保障社区文化、群众文化的生命力。

（二）加强队伍建设、夯实群众基础

广泛宣传动员，挖掘潜在力量，积极组建一支以业余骨干为主、专业人员为辅的社区文化志愿队伍，深入实际、深入生活、深入群众，定期开展专业培训，交流共进，提升队伍的整体水平。

（三）加强领导，积极引导

将社团建设纳入社区正常的管理轨道，同时把各项工作的开展列入年度工作目标。聘请专业团体的老师为社区文艺团体、文艺骨干进行指导，提升社区软实力。

（四）加强共建联系，实现资源共享

本着“走出去，请进来”的思路开展工作，加强与辖区单位和相关文化部门的共建联系，努力发掘辖区潜在力量。

（五）丰富活动内容，活跃文化生活

随着连荣里社区和安德公寓合并整合，社区资源和环境在一定程度上有了很大改善，居民在精神层面的需求也越来越迫切，尤其是合用了文化活动室以后，居民希望社区多举办一些文化活动的呼声也越来越高。

为此居民委员会采取各种方式收集居民意见，通过走访、问卷调查、座谈等方式方法，广泛征求社区居民意见，并将意见进行整理，认真分析社区居民对文化生活的需求，以满足不同层次群众的文化需求。并在此基础上创新活动形式，呼吁社区居民积极参与，实现雅俗共赏，同乐在社区。

四、服务计划实施过程

（一）强化文化阵地建设

社区围绕“繁荣社区文化、加强阵地建设、构建和谐社区”的总体目标，充分利用居民活动室、电子阅览室、图书室、书画室等。社区图书室配备各类书籍千余册，方便居民借阅。

关注社区散居儿童，邀请第八幼儿园的早教专家和婴幼保健师讲授育儿经验，向家长宣传0～3岁亲子教育理念，让每个0～3岁幼儿有机会接受早期教育。开展了“快乐成长”系列主题活动，亲子健身操、宝宝音乐课堂、我有一双小巧手等早教活动，受到宝宝和家长们的欢迎。

开拓创新，丰富社区文化生活。“社会主义核心价值观”手抄报、“读好书，畅谈法治中国梦”等主题活动让社会主义核心价值观在少儿心中生根发芽；邀请天津市收藏家协会书报刊专业委员会开展纪念抗日战争胜利70周年剪报展活动，大力弘扬和培育了社区未成年人的爱国主义精神和民族精神；围绕“学雷锋、做一个有道德的人”主题，开展各项如慰问老干部、小小雷锋在行动、“读一本好书 做有德少年”等教育实践活动不仅丰富着社区青少年的课余生活，更让青少年体验到了多元学习带来的快乐。

着力提升文化服务 ，广泛开展文化惠民活动。结合重大主题节日，社区举办了如“评剧秀”精彩评戏迎新春、“欢乐闹元宵 浓情享团圆”文艺联欢、“相约健康”端午义诊、“与奥运同行”趣味运动会等，内容涉及广泛，不仅提升了基层群众的文化品位，更丰富了基层群众的精神文化，让文化走进社区，走近老百姓，有力地推动了社区群众文化活动的开展。

（二）建设文化活动队伍

为丰富居民文化生活，社区先后成立了舞蹈队、空竹队、合唱班等文艺团队。邀请退休教师为社区文艺爱好者指导、教授技艺，社区各个文艺团队百花齐放，为社区创作、编排了多个反映居民文化生活的舞蹈节目。

凭借“指尖西岸红”网络活动平台，广泛征集文化志愿者，积极和共建单位合作，开展了如学雷锋公益行动、“两学一做”学习党的知识、“学身边模范”道德讲堂、“亲子同游”参观养乐多工厂、“地铁科普行”等主题活动，在培养了社区基层文艺团队的同时，更从真正意识上实施了文化惠民。

（三）创新文化活动载体

依托社区快乐营地、活动空间，积极开展文化、体育、科普、公益类教育实践活动，“小小天文家”“快乐诵读”“活力运动会”“小小银行家”“花样跳绳”等系列活动加强了社区未成年人思想道德教育。利用寒暑假期及课余时间，结合社区青少年兴趣、爱好与社区关心下一代工作领导小组共同制订假期计划，以“缤纷假日”为主题，联合河西图书馆开展了“激扬文字 快乐童年”儿童书展、“文明礼仪我争先”手抄报、“同在蓝天下 做文明城市人”公益活动；在夏令营开幕式举办的桃园街青少年艺术节上，社区外来务工子女的配唱朗诵受到大家的欢迎。丰富多彩的假日活动，构建社区、家庭、学校三级教育网络，促进社区未成年人健康成长。

以春节、三八、五一、七一、十一等节日为契机，选准适合社区居民的活动载体，开展群众性文体活动，做到“月月有主题、周周有活动、年年有比赛”。开展了“娃娃庙会”、猜灯谜闹元宵、“感恩心常在 贺卡传祝福”“七夕亲子乐 让爱驻津城”“评剧秀”精彩评戏迎新春、“欢乐闹元宵 浓情享团圆”文艺联欢、“相约健康”端午义诊、“与奥运同行”趣味运动会，等等，活动吸引了上千名社区居民积极参与，丰富了社区居民的业余文化生活，增强了居民对社区的认同感和归属感。

（四）不断提升文化品位

近年来，社区大力开展科教、文体、法律、卫生“四进社区”活动，并组织开展丰富多彩的群众性文体活动，使文体活动成为社区文化的“血肉”，并引导群众参与文明健康的文体活动。尤其值得一提的是，群众性的文化活动已浓缩成为各具地方特色的文化形式，如广场文化、家庭文化、校园文化等，极富代表性的文化形式，已成为了社区文化的一个亮点，并形成了“天天有活动、月月有演出、节日有庆典、人人都参与、到处是欢笑”的生动局面。

五、总结评估

连荣里社区以社区居民文化需求为出发点，坚持社区搭台、居民唱戏，以社区党员、居民、老年人为主体，成立文艺文化团队，开展居民联谊、道德讲堂等丰富多彩、形式多样的自娱自乐活动，丰富社区居民的精神文化生活。通过丰富多彩的文化活动，活跃社区居民精神文化生活，宣传上级政策法规、社区党建、社区建设相关事务及身边的好人好事，让居民享受精神文化生活的同时接受教育。居民文化活动由居民自发组织转为自觉有序，形成了以活动聚人气、以人气凝人心，全面推进和谐社区建设的良好局面。

六、专业反思

社区需要建立在公开沟通和公开分享信息、思想和感情、相互包容和积极参与决策模式上，它的治理模式不是一个命令，而是在平等基础上的对话、畅谈和协商。社区工作的成功依赖于社区居民参与社区活动的程度以及他们预定的目标是否得到实现。社区工作者必须清楚地明了社区成员的需求、习惯和特点进而明了他们的基本需求。作为社区工作者自己也要有建设目标，使社区需求与建设目标得到统一，这样社区才会更加和谐，社区的工作才会更加成功。

（作者单位：河西区桃园街道连荣里社区）

为社区老人撑起“平安伞”

迟　旭

一、背景介绍

西楼北里社区共包括华义公寓、三元公寓、西楼北里三个自然小区，随着人口结构老龄化趋势显现，空挂户、租房户增多，社区中60岁以上老人超过了1000多人，达到了社区常住人口的23%。其中以西楼北里小区老龄化最为明显，老年人占常住人口的29%。

同时，西楼北里社区党员中，90%以上都是退休老党员，他们人老心不老，平日里除了配合社区工作，还主动帮助其他居民解决生活难题，格外关注辖区内的孤寡老人、高龄老人和特困户等特殊群体。由此，邻里互助的氛围在西楼北里社区悄然形成。

二、分析预估

对于老年人较多的社区，如何增加老年人的社区支持，使残疾老人、空巢老人、高龄行动不便老人获得更多的社会支持，引导老年朋友健康科学的生活方式，鼓励老年朋友积极参与到社区各项建设中显得格外重要。

老年人退休后本来有一种失落感，如果再加上独居、空巢和疾病，难免会产生空虚、寂寞、焦虑、抑郁等负面情绪；活得长寿是每个老年人的愿望，这需要他们掌握科学的健康知识；一些空巢残疾老年人，日常生活的照顾尤为重要；为此，要培养社区老年人对各种文体活动的兴趣，引导他们走出家门、走进社区。

在解决问题的过程中，可能遇到以下几个问题：

1. 独居，子女们不能在身边照顾他们的日常生活。

2. 因为年龄的原因学习能力和辨别能力下降，造成与子女们的沟通困难，代际隔阂加深。

3. 闲暇时间较多，不喜欢外出，社会交往较少。

4. 通过电视或广告宣传购买药品或保健品，因为辨别能力弱，有可能会买到不合格的药品或保健品，既浪费金钱，甚至对身体造成伤害。

三、服务计划

（一）服务目标

培养老年居民科学健康的生活方式，利用各种资源有效解决空巢、残疾老年居民日常生活照顾，利用各种活动鼓励老年居民参与，从而带动老年居民参与社区的各项建设，提高老年居民的社会意识。鼓励支持互助团体的形成，促进老年人及其他社区成员积极的自助与互助，积极地参与活动解决自己的问题。

（二）服务策略

采用社区工作方法中的地区发展模式，以社区为对象，通过组织社区成员参与集体行动去界定社区需要，合力解决社区问题，挖掘和动员各种资源，为社区老年居民争取合理的资源分配，尤其是空巢、行动不便的老年居民，改善社区环境及生活质量，协助社区老年居民分析问题，发挥自主性，提高他们及地区团体对社区的认同，鼓励他们通过自助和互助解决社区问题。通过各种文化社团、志愿者队伍的组建，发挥老年人的潜能，协助老年人利用社区资源，参与改善社区生活环境，不断提高生活质量。组织党员活动，增强社区老年居民的社会意识和政治意识，提高老年人的社会与政治影响力。

（三）服务程序

1. 多与社区老年人接触，建立良好工作关系。

2. 组织多元化的活动鼓励老年居民参与，推动建立社区归属感和认同感。

3. 将有共同问题或兴趣的老人组成小组，为他们的沟通搭建平台，激发老人对生活的激情，增强他们的社会交往能力。

4. 充分利用辖区桃园卫生院的优势，提供各种形式和各种内容的健康讲座及健康生活方式、体检等活动，提高老年居民的健康知识，建立健康的生活方式。

5. 提供服务和发展资源，针对社区的老年居民中各种群体情况提供服务，积极争取更多的社会资源。整合社区资源，动员志愿者和邻居帮助独居老人的社区参与，引导鼓励社区老年居民参与社区建设，发挥余热。

四、服务计划实施过程

（一）老有所依，邻里互助

精准服务、精准扶助、精准扶困的“三精准”原则是西楼北里社区一直以来坚持的工作理念。鼓励支持互助团体的形成，发挥社区志愿者、楼门长的作用，引导社区居民自觉参与社区建设和社区议事协商活动中来，促进老年人及其他社区成员积极的自助与互助，解决好自己的问题。

（二）老有所乐，文化共建

组建各种文化社团、志愿者队伍，发挥老年人的潜能，协助老年人利用社区资源，参与改善社区生活环境，不断提高生活质量。组织党员活动。

（三）老有所为，先锋引领

以重要节日、纪念日为契机，开展一系列的社区活动，党员带头发挥先锋模范作用，为社区建设献策献力，减轻老年人与社会的疏离，促进老年人的社区参与，通过标志品牌“北里情 365”的建立，进一步巩固社区老年人的参与感，增进辖区老年人对社区的归属感，共同建设和谐美丽社区，做老年社区之模范，制定晚年幸福之标准。

五、总结评估

“平安伞”团队自成立至今，得到救助的家庭及人员已达到 40 余人次，为挽救多名居民的生命、帮助多个家庭解决了当时的困难作出了自己应尽的贡献，受到了社区居民的广泛赞誉。促进了社区的和谐与发展，在很大程度上保障了社区老年居民的日常生活。

与此同时，西楼北里社区工作人员不仅注重社区老年人的身体健康，也时刻关注着老年人精神文化生活的丰富。围绕“北里情 365”品牌，下设包括“北里情合唱团”“不一班”私人订制老年人电脑班、手工雕刻班在内多个兴趣社团，每周一至周五社区都为社区居民开展了丰富多彩的文化活动。

截至 2016 年，西楼北里社区老年人已有 1000 多人，占社区常住人口的 80%，面对如此老龄化明显的社区实际情况，社区不断努力，在街道党工委和办事处的领导下，积极践行党的群众路线，使社区“北里情 365”团队为人民服务的水平更上一层楼。打造社区义务服务品牌，为民办好事、办实事。

六、专业反思

在前期和社区居民的接触中发现，许多老人都对社区养老存在很迫切的需求。社区养老不仅能够满足老人“家”的愿望，为老人提供更好的服务、更多的交往和活动，提高老人的生活质量，而且也能大大缓解子女在老人照顾方面的压力，所以社区养老成为很多老人的重要选择。在这项工作中，发展老年人的社区支持网络，以照顾老年人的社区生活是核心部分。社区各种老年组织的成立与维持是老年社会工作的一项重要内容，而在社区的各种老年组织中，自助团体是较为常见而且是较受欢迎的社区居民组织。西楼北里的“平安伞”就是这样一个以“北里情 365”为基础，成立并坚持下来的自助互助团体。日常照顾初成规模后，再依托辖区桃园卫生院开展半年一次的公益体检、每季度一次的健康知识讲座等活动，满足社区老年人对健康的进一步需求。兴趣小组的成立，为社区老年人的沟通搭建了平台，激发了老人对生活的激情。所以，社区成为城市养老服务的最佳载体，成为老年人安度幸福晚年的重要依托，能够做到让老年人在社区活得安心、活得开心。

（作者单位：河西区桃园街道西楼北里社区）

用法律基石构建和谐社区

王　菊

一、背景介绍

2016年1月4日、5日，曾经的高档小区广顺园连续上了电视台“都市报道”栏目，那是对物业公司将小区27部电梯全部停掉，物业与业主纠纷的曝光。

纠纷的缘起：位于广东路上的广顺园住宅小区始建于1999年，内有游泳馆、网球场等，有646户业主。2009年，金宝龙物业公司进驻小区，承担物业服务工作。开始，业主们对物业公司还满意，但是后期因服务不到位，业主怨声四起。原广顺园老一届业主委员会于2012年4月届满到期，但原业主委员会主任却私下与物业公司签订了续聘合同，并宣布老一届业主委员会于2013年4月解散。

长时间没有业主委员会，造成对物业公司监管缺失。自2014年开始，物业公司随意毁坏小区绿地、私下卖车位、默认极个别居民私搭乱建、对电梯不予年检、拖欠供电局电费等，导致物业公司与业主的矛盾加剧，部分业主拒绝交纳物业费。物业公司针锋相对，在2015年8月将11部电梯停运长达29天，近220户业主每天爬楼上下。此举激发了业主的对抗情绪，近50%业主拒绝交纳物业费，并向多个政府部门反映。

2015年9月，由原居民委员会牵头选举新一届业主委员会，但是由于业主们对于原居民委员会不信任、不配合，在选举过程中情况迭出，使得选举失败，前期做的大量工作付诸东流。

2015年12月31日，原物业公司服务合同到期，但是其拒不退出小区，街道组织居民委员会进行了多次交接，都因原物业公司拒绝交接，无法正常接管。然后就发生了原物业公司将全小区 27 部电梯全部停运的事件。

二、分析预估

2016 年 1 月，由于工作需要，广顺园社区居民委员会进行了人员调整，重新组建了居民委员会班子。对于物业公司弃管的小区，居民委员会要承担托底服务。社区对于广顺园过去的情况有所耳闻，不少人有畏难情绪。但是我们既然到岗，就要全心全意为居民工作，不能临阵退缩，时近春节，稳定重要，再困难也要上。

我们到现场勘查，映入眼帘的是破损的道路、遍地的垃圾，唯一的环形道两侧有多处地锁，车辆见缝插针满院子乱停放，消防通道被杂物堵得严严实实的，华丽外墙上不少墙砖脱落，还有些摇摇欲坠。这个当年的高档小区，如今就像一个没落的贵族。

我们进户走访，发现不少问题，归纳起来有：

（一）物业方面存在的问题

1. 拖欠电费问题

物业公司自 2013 年起到 2015 年 12 月 31 日共拖欠电费 40 余万元，供电局对小区数次发出通知，准备以停电方式催缴电费。迫在眉睫的是 2 月 25 日停电。对此，《今晚报》进行了报道。

2. 电梯问题

电梯没有按期年检，市场监督局在小区内张贴电梯警示通知。电梯卡人现象时常发生。更加过分的是，物业公司故意停用电梯，人为激化矛盾，严重影响了社区生活秩序。

3. 消防问题

消火栓由于自来水管改造，老系统废除后，消防设施和新系统没有连接，所以消防栓没有水。消防通道被“私搭乱盖”和地锁占用，存在巨大安全隐患。

4. 物业公司私售车位问题

原物业公司私自拆改原设计，将小区的公共道路用地扩大，毁坏绿地并出售为车位，购买了车位的业主私自砸地锁现象非常严重，小区道路上遍地地锁，影响业主正常出行。

5. 治安问题

由于管理缺失，造成治安情况恶劣，小区近年发生多起入户偷盗案件，丢失电动车现象非常严重，监控设备丢失损坏，小区成为盗窃犯罪高发的区域。

6. 卫生问题

卫生“脏乱差”，只有装袋的生活垃圾能够清运，小区到处都是卫生死角。小区物业公司弃管期间，生活垃圾堆成山，无人清理。

（二）业主方面存在的问题

个别业主私搭乱盖，加剧了小区的乱象。小区50%以上的业主针对物业公司侵占业主利益行为不满，长期拒绝交纳物业费，加重了物业公司的经营困境，造成了恶性循环。由于长时间诸多问题没有得到解决，很多业主失去了对基层组织的信任和耐心，以各种方式向上级机关反映问题，上访信不断，部分业主还到市政府上访。

2016年元旦期间，由于原物业公司在合同到期后，再次私自停用电梯，小区居民情绪激动，酝酿上广东路占路维权，上百次拨打110报案，多人向媒体反映，电视台“都市报道”栏目两次进行了专题报道。广顺园社区管理混乱由于媒体的介入而出名了，导致小区部分居民去市政府上访维权。

（三）对原居民委员会缺乏信任

社区居民委员会在走访过程中，深切感受到居民对居民委员会的不信任。许多业主一听居民委员会上门根本不开门；还有的业主，开门后劈头盖脸把我们说一顿，把小区管理失控责任，归咎于居民委员会，认为原物业公司与原业主委员会、原居民委员会串通一气，居民只能向上级政府反映才能自救。同时我们也发现，绝大多数居民们对于小区现状不满，有要求改变的强烈愿望。

三、服务计划

广顺园小区的问题成为一块难啃的骨头，摆在了社工面前。如何寻找突破口开展工作，成为我们居民委员会的工作重点。居民委员会既然接管了小区，对小区提供基本服务，就应该用实际行动为小区居民办实事，赢得居民的信任。

经过开会研究，社区首先确认了服务目标：近期目标是首先要保安定和谐，解决居民生活问题，让居民过好春节；中期目标是逐步进入选举业主委员会、聘用物业公司的程序；长期目标是搭建广顺园小区管理和服务平台，实现居民自治功能的回归。

四、服务计划实施过程

（一）用真诚服务换取信任

首先，社区工作人员和街道领导多次找到原物业公司，讲明利害关系，指出了私停电梯是违法行为，责令其对停运的电梯恢复运营并交出电梯资料，解决居民最基本的生活问题。原物业公司以没有电梯维保单位为由不肯打开，居民委员会出面另行委托了电梯维修公司，原物业公司很快就重新打开了电梯，电梯检修后通过了年检，居民们的乘梯安全有了保障。

2016 年 1 月 17 日，居民委员会工作人员顶着凛冽的寒风，对小区内的生活垃圾进行突击清运，先后运走了整整十二车垃圾，为群众过好春节创造了优美的社区环境。

由于前期小区欠电费高达 40 万余元，使小区面临停电。停电带来的不仅是电梯停运，对社区二次供水、居民的出行及生活都造成了极大的影响。于是社区配合政府机关与城南供电公司协商，说明原物业公司已经在 2015 年底退出了，现在小区居民的生活问题暂由居民委员会进行接管，为了居民的正常用电，居民委员会提出方案，将电费一分为二，之前老物业公司服务期间的欠费由老物业公司承担，自 2016 年 1 月 1 日开始由居民委员会组织进行入户收费，保证按时缴费，要求供电公司不要采取停电措施，灵活处理广顺园小区用电问题。多方努力下，城南供电公司取消了原定于 2 月 25 日的停电计划。

小区的外墙砖脱落砸坏私家汽车，居民找到居民委员会。社区委托工程队维修，要花 15 万元。鉴于工程费用支出较大，在小区局面混乱的情况下，作为居民委员会没有擅自做主动用小区的应急维修基金，而是及时找到街道领导反映该问题，在街道领导的帮助协调下，找到房管站进行排险，只花了 8000 元。但是这笔钱没有地方出账，最后是街道先行垫付，以后再处理。

改造剩余楼门水管问题。小区 4 号楼部分楼门，更换水管需要破拆，由于底商房的豪华装修，会对其原有装修造成破坏，底商业主一直不同意施工，所以此事拖了两年未解决。居民委员会得知这一情况后，决定协调解决这个难题，老同志们发挥自己的经验能力，想出了巧妙的办法，在不破坏大面积的情况下，在吊顶的侧面开辟小通道，周围搭设支撑脚手架增加房顶的承重的方式，减少底商的损失。4 月 13 日自来水公司工作人员到达现场进行了施工，最终解决了居民水管更换问题，居民们终于喝上了干净水，为此居民们给居民委员会送来了锦旗，以示感谢。

居民委员会的埋头苦干，许多群众看在眼里，对居民委员会的态度有了改变。我们趁热打铁，组织居民开会，明确底线服务不是无偿服务，应按照谁受益谁出资的基本原则，产生相关的费用理应业主交纳。通过对基本服务的电费和保洁费测算并公示，按户收取费用。我们居民委员会出面聘用了保洁员，对小区的公共区域清扫保洁，我们还联系了区保洁队，解决了垃圾及时外运的问题。我们收取梯泵费缴纳了公用电费和聘请电梯维保公司，保证了居民生活需要。经过做大量的工作，小区的业主认可并及时缴纳了底线服务的费用，缴费率高达 96%。

在社会真诚服务下，广顺园的居民与居民委员会建立了信任，热心业主群像滚雪球一样越滚越大，我们争取了主动，稳住了广顺园的局面。

（二）先聘物业公司后选业主委员会，走管理创新之路

按照计划，春节过后社区拟继续开展新一届业主委员会的选举。因原选举工作已经完成入户划票，还剩下开票箱统计得票、公布中选候选人的

环节。我们与热心业主们沟通后，但业主代表们质疑选举过程有操作嫌疑、选票存在问题、物业公司插手选举等，开箱现场就爆发了候选人与部分业主的冲突，所以这次选举没能成功。

新的难题又出现了。如果没有业主委员会，则无法选聘新的物业公司，没有物业公司服务，则广顺园“脏乱差”现状无法改变。重新选举业主委员会，又要几个月的时间，还要做大量的思想工作，但广顺园改变现状刻不容缓。

这是一个两难命题。

能不能先选物业后选业主委员会？在热心业主们的提议下，我们调整了思路：先组织物业公司选聘，由居民委员会与新选聘物业公司签订临时合同，由新物业公司取代托底物业服务。在正常物业服务有保障的情况下，再组织选出新一届业主委员会，然后新的业主委员会与物业公司签订《物业服务合同》并备案。

我们分析了当前局面，老物业公司拒绝交接，对继续服务小区抱有幻想，可是小区居民对老物业公司已经彻底失望，根本就不可能继续聘用老物业服务。没有物业服务，小区正常秩序无法恢复，各种矛盾尖锐，引进新的物业后，缓解了矛盾，小区居民明确了服务质量问题由新物业解决，居民委员会也回归了监管物业服务本来的职责。但是，根据国务院《物业管理条例》和《天津市物业管理条例》等法规，只是规定开发商可以签订《前期物业服务合同》，业主委员会可以签订《物业服务合同》，并没有授权居民委员会可以与物业公司签订服务合同，换言之，居民委员会签物业服务临时合同，有法律效力吗？物业公司能接受吗？业主们能受此临时合同约束吗？

带着这些问题，我们向街道、区物业办和律师进行了咨询，业主律师提出，法无禁止即可为。要使临时合同主体合法，就要让小区业主授权居民委员会，采用委托签约的形式，这样也解决了业主受临时合同约束的法律问题。

（三）“自治”还是“聘物业”，业主自我选择

2016 年 4 月，广顺园业主大会就单项物业招聘事宜，从每个楼门选举产生了 56 个业主委员，成立了广顺园选聘物业服务单位工作委员会。4 月

底，选聘委员会张贴了招聘物业的公告。在规定的期限内，有三家物业公司上门投标。原以为可以顺风顺水地选聘物业服务单位，谁想到又一场风暴悄悄到来。

选聘委员会的业主代表们在“业主自治”还是“聘请物业”问题上产生了分歧，有的代表公开声称要挑头“自治”。代表们一开会就吵，选聘工作无法继续进行。

我们分析后认识到，居民们因为吃物业的亏吃怕了，想改变局面又不知如何是好，加之外界的诱惑，一部分居民希望走业主自治道路。但是什么是自治？怎样自治？大家并不清楚。于是，社区顺势而为，请具有法律知识的业主代表为大家普法，代表们互相辩论，两种管理方案进行比较，通过业主自我教育，使大多数代表认识到广顺园小区自治的必要条件还不具备，委托职业经理人有一定法律风险，且现在已进入了物业选聘程序，就应当重新回到选聘物业的道路上。

（四）全民参与开言路，公开透明选物业

当三家应聘物业公司公布后，有业主贴出了公开信质疑，老物业没有投标却贴出了服务承诺，还有业主传言聘哪家物业公司已经内定，谣言满天飞。

我们与业主委员们商量后认为，必须依法选聘公开透明，保证业主知情权并参与，把这场选聘物业活动，变成业主体现主体资格、全民参与小区事务的活动。

我们制订了详细方案：首先广泛征求意见，共收集业主反映的小区亟待解决的物业问题十个方面；然后拟定《选聘物业服务企业基本条件》，文中提出了17个问题，交给了三家物业公司，让他们有的放矢地进行准备。在开标现场，三家物业公司背靠背针对性答题，业主代表现场提问。对于物业公司现场提出的疑问，我们也给出了解答。对比之下优劣立判。56位代表认真讨论后，投票“三选二”。

我们将最终“二选一”的权利交给了全体业主。为了保证选聘物业的有效性和居民委员会签订合同的合法性，我们重新设计了选票，明确是对两家物业的“二选一”选聘意见的选票，选票背面是业主对居民委员会签物业合同的委托书。一张选票解决了两个问题。在选票上我们还写上了一

句鼓舞人心的话："美丽新家园的建设，从您今天的投票开始"。最终选举情况是，新物业公司以466票中标。

居民委员会与业主代表根据物业管理规章、服务标准及物业公司投标书，起草了《广顺园住宅小区物业服务临时合同》，2016年7月11日，物业公司派出的律师、业主律师和我们居民委员会的律师聚集一堂，三位律师反复沟通，《物业服务临时合同》及附件顺利签署，各方权益均得到了保障。

2016年7月15日，新聘的物业公司接管小区。

（五）因势利导，业主委员会换届选举

新物业公司进入广顺园小区后，老物业公司拒不退出，新的矛盾接踵而来。

老物业公司在新的物业公司进驻后，继续服务小区的幻想被彻底打破，态度彻底改变，但是拒不交接办公用房和文件档案。新物业公司没有地方办公，甚至连休息上厕所都成了问题。在此种情况下，居民委员会将自己的办公用房借出一间给了新物业公司，临时解决了新物业的办公室问题。

新物业公司的入驻，对改善广顺园小区局面有标志性的作用。下面如何维权让老物业退出，则成为开展进一步工作的关键。这时尽快选举出新一届业主委员会，由业主委员会出面维权，成了小区业主们的唯一选择。社会的工作重点，顺理成章转到了选举新一届业主委员会方面。

在前期的工作中，我们通过与热心业主们反复交流，充分了解了小区的情况，也锻炼了队伍，为小区未来的工作打下坚实的基础。

2016年8月，在街道领导指导下，牵头组建了广顺园小区业主委员会换届筹委会，选举出37位各楼门代表，组成业主代表会，参加业主委员会换届选举工作。业主委员会委员候选人采取了自荐和推荐两种方式，充分发动群众，公开透明交流，使得居民更广泛参与。令人欣喜的是，居民们从过去"事不关己高高挂起"到积极报名参选，表达了强烈的参与意识。在选举过程中，有12名业主代表通过自荐和推荐，成为业主委员初选候选人。

初选名单出台后，有些代表反映有的候选人私占道路停车，有的候选人是原业主委员会成员，有的候选人大家根本不了解，他们担心新一届业主委员会不能公正履职，表示了担忧。在此基础上，社区再次组织召开了

业主代表会，宣讲了《物业管理条例》的《业主委员会活动规则》等文件法规，使代表们认识到业主委员会的性质、任务和职责，代表们表示，要通过法律程序，把办事公道、廉洁奉公、遵纪守法、热心为居民服务的人选入业主委员会。再由12名候选人上台逐个宣讲，介绍自己个人情况和当选后的打算。在个人宣讲过程中，有的候选人表示“闻过则改，已挪车腾路”，有的候选人表示“自愿缴纳保证金，干不好可以倒扣”，有的候选人表明“不能自扫门前雪，为集体就是为自己”，总之，大家充分表达了干好业主委员会的决心。最后，37名业主代表投票，复选出8名候选人。

9月27日，我们将8名业主委员会委员候选人在小区公示，并公布了“8选7”的规则和热线电话，居民委员会设立专人，接受居民对委员候选人的反馈意见。

从9月30日起，居民委员会人员及楼门代表开始入户划票，选举出7名业主委员会成员，很快就会出现新一届业主委员会在业主大会的监督下履行职责的局面。

目前工作正在有序进行中。

五、总结评估

（一）坚持“三个依靠”，用实干取得居民信任

社区居民委员会是居民自治组织，是人民群众直接行使民主权利，表达居民诉求的组织载体和保证。

社区接手广顺园小区托底物业服务之时，临近春节，居民最迫切需要解决的是物业服务问题。居民委员会是社区居民利益的重要维护者，也是社会工作者，要体现以人为本的原则，从服务对象的需要和利益出发，解决社区内群体面临的问题和居民共同关心的社区事务。因此，保证居民生活、维护社会稳定是我们居民委员会义不容辞的责任。我们解决了一个个民生问题，用实际行动取得了居民的信任。

“三个依靠”即依靠政府、依靠党员、依靠群众。居民委员会深深感到每一步大的动作，都离不开政府领导的支持帮助。街道一把手把广顺园社区作为蹲点单位，对社区的工作一直给予指导和支持。在2016年2月中

旬，供电局将2月25日停电的通知贴到小区时，多次去供电局协调，但是协调不成。社区主动向街道领导汇报，最后区、街道两级领导出面与供电局领导沟通，才争取到折中方案，保证了小区居民没有受到再次停电的困扰。在小区垃圾外运无钱支付的情况下，是街道领导指示街道保洁队进行清运，解决了小区的问题。

依靠党员。依靠党员使党组织的领导核心作用、党员的先锋模范作用与居民自治制度的功能和优势有机结合起来。在社区走访中，首先敲开的是社区党员们的家门，了解到小区许多真实的情况，对居民委员会化解难题和矛盾起到了很大作用。并且党员们主动出面参与小区工作，如76岁的王素清大妈是原业主委员会委员，参加了新一届筹委会代表工作；80多岁的离休老干部，承担起楼门代表的工作。

依靠群众。广顺园小区人才济济，在小区业主里，有经商多年的老板，有通晓法律的律师，有多年从事思想工作的高校领导等，当他们的社区意识被唤醒后，发挥聪明才智参与小区事务，迸发出惊人的正能量。有的业主们主动去找广告主，收取物业弃管期的小区广告费，用于贴补梯泵费和公用电费；在选聘物业公司的过程中，有的业主老板对物业公司的报价、成本估算提出了正确的估价，消除了水分；业主律师在招标、评标、谈判直到签订物业服务临时合同中全程参与，积极策划，起到了至关重要的推动作用。热心业主们互相沟通自我调整，成为了社区建设的基本队伍。

（二）唤醒社区意识，引导居民参与管理社区事务

社区意识是社区全体成员对所在社区自发形成的认同感、归属感、责任感和参与感，从而自觉地为社区事务尽心尽力。如何唤醒社区意识，我们采取的方式有：

1. 社区居民资源链接

利用户籍系统查找社区居民骨干、社区志愿者、居住在社区的知名人士等，能够提供知识、技能、经验，或奉献自己的时间、体力。

2. 分析影响本社区居民参与的因素

第一种是不关心，即认同“各家自扫门前雪，不管他人瓦上霜”“事不关己，高高挂起”等观念，其参与社会事务的愿望就会较低；第二种是

无用感，认为自己参与并不能影响和改变目前的状况，缺乏参与的热情。

3. 推动社区居民参与

通过社区教育和社区宣传的方法，唤醒居民对社区的关注，改变他们对社区的冷漠态度，加强其对参与成效的信心。建立了业主大会制度，对居民进行物业条例相关知识的培训，帮助社区居民了解参与业主大会的过程，提高表达、沟通、讨论等技巧，更重要的是协助他们掌握社区的基本资料和最新动态，以便在讨论时能充分论证，具有说服力。妥善处理时间与资源的缺乏问题。在时间方面，社会工作者有责任安排适当的开会时间、地点，尽量迁就社区居民的需要。

4. 建立互助网络

利用微信平台，把热心服务小区的居民聚集起来，帮助他们建立联系，促进他们互相帮助、互相支援。建立起朋辈支持互助小组，加强同伴之间的支持，促进信息分享和经验交流，增强其解决问题的能力。

社区工作的重点是建立业主自治的组织，业主代表、积极参与的业主、业主委员会都是社区管理的组织保证。这些人产生的过程也是正风正气的树立过程。这些人在楼门中都是热心业主，他们有群众基础，能够得到本楼门邻居的认可，就说明他们平时的言行得到了认可。他们也代表了大多数业主的意愿，所反映的问题也是小区缺失需要亟待解决的问题。总之他们大多数传播的是正能量，只有依靠这些人，通过公开公平的方法，才能实现共治公管。

（三）不缺位不越位，立足指导、支持、监督

如何维护社区居民的合法权益，规范民主选举程序，保障业主的决策权、知情权、监督权。居民委员会的经验是：摆正位置，立足于指导、支持、监督。

例如，在选聘物业公司中，社区不是借托底服务的权利，自行引进一个物业公司，而是让业主广泛参与，建言和决策选聘物业服务公司。

居民委员会指导、支持、监督体现在以下几个方面：首先从25个楼门选举产生了56个委员，成立了广顺园选聘物业服务单位工作委员会，这样选聘工作就体现了业主大会意志。社区提供相关法律法规汇编，协助制定选聘程序；组织业主们参观投标公司在管小区；征集业主意见，丰富招评

标标准；在确定评定标准时，综合区物业办查询《全国企业信用信息公示系统》《全国法院被执行人信息系统》、最高法院《失信被执行人信息查询平台》等权威信息，给业主选聘提供参考；社区和代表们入户划票，公告了入选及最后中选的物业公司；起草并签订《物业服务临时合同》。在这个介入过程中，居民委员会不缺位不越位，公开透明，依法办事，保证了居民的知情权和选聘的公正性，取得了很好的社会效果。

在管理创新方面，我们没有按部就班地先选业主委员会，而是结合实际情况先选聘物业公司，受业主大会委托代签《物业服务临时合同》，体现了从实际出发，为居民办实事的指导思想。

六、专业反思

（一）管理缺位是广顺园小区业主与物业公司冲突的根本原因

从广顺园小区业主与物业管理公司冲突来看，原物业公司侵害了业主利益是矛盾激化的直接原因，业主委员会长期缺位是产生冲突的重要原因。我国现行社区管理的组织机构是政府、居民委员会、业主委员会、物业公司四个主体，广顺园小区四个主体中缺少两个主体，必然失衡。社区和谐是社会和谐的基础，健全社区服务体系、强化社区自治和服务功能是社区和谐的前提。因此，建立起完善社区管理的组织机构，是社区和谐的基础。

（二）利益表达渠道不畅是广顺园小区冲突长期不能化解的根本原因

广顺园小区业主反映物业管理多年，但是问题却长期得不到解决，原物业公司侵权行为愈演愈烈，毁绿地、卖车位、停电梯，一半业主们以拒缴物业费来抗争，拒缴物业费结果是原物业公司收入下降，导致欠下巨额公用电费，电梯不维保不年检，又进一步加剧了业主与原物业公司的冲突。有关管理部门没有及时化解矛盾，反而要求居民交纳物业费，于是业主对管理部门不再信任，将四个管理机构一并举报上访，失信于民的结果是前一次选举业主委员会流产，业主们无序维权。如果早期介入社区事件，依法监管，化解矛盾，达成谅解，很可能不会发生原物业公司在物业合同终止后再次停掉全部电梯以及业主们到市政府上访的事件。

（三）解决实际问题，需要政府的支持

居民委员会是居民自治组织，是四级网络的末梢。广顺园小区业主主要诉求，要求拆地锁、拆违建、恢复绿地、将私占车辆移除小区、将物业用房收回，这些要求都是合理合法的，但是在居民委员会职能范围之外。政府还应该进一步加强支持力度，让社区的发展有序。从资金，执法和监管三个方面为社区提供支持。广顺园小区现在局面很好，已经走上正轨，初步具备创建“美丽社区”条件，这些都需要街道和各级政府的支持。

（四）初战告捷，任重道远

随着社会结构快速转型，大量“单位人”“社会人”转变为“社区人”，社区日益成为社会成员的集聚点、社会需求的交会点、政府社会管理的着力点，社区在广顺园小区管理体系的重建工作的尝试和体会，增强了今后做好居民委员会工作的信心。居民委员会下属管理6个住宅小区，都有不同的管理矛盾，并以各种表现形式存在。要把广顺园小区的经验运用到其他小区，构建社区管理和服务平台，把整个广顺园社区发展成为管理有序、服务完善、文明祥和的社会生活共同体。

（作者单位：河西区桃园街道广顺园社区）

环湖东里社区典型案例

林　娜

一、背景介绍

环湖东里社区根据社区实际，以社区文化为引领，着力打造独具特色的社区文化品牌，不断丰富社区居民文化生活。目前，主要是“周六嘉年华”活动，即每月以“四乐”为主题，每周六一个主题日循环开展，即乐助、乐学、乐活、乐享。乐助主题，根据居民的不同特长和爱好，合理设置帮扶项目，引导社区居民、社区党员、在职党员、社区志愿者认领社区服务岗位，与困难家庭结成帮扶对子，充分发挥典型先锋模范作用；乐学主题，是设定党员、志愿者教师岗，鼓励党员、志愿者走上讲台成为课程老师，由被动学改为主动学，从而提高党员和居民的学习热情，参与热情；乐活主题，是倡导居民绿色、健康的生活方式，引导居民参与绿色志愿服务，节能减排，保护社区环境，共建美丽社区；乐享主题，是在元宵节、端午节、中秋节等节日，由社区搭建平台，创新活动形式，给居民展示的舞台，打造社区节日欢乐汇。

二、分析预估

构建社会主义和谐社区，弘扬中华民族优良传统，不断强化社区居民“建文明社区、创文明家庭、做文明市民”的意识。使邻里之间通过“周六嘉年华”活动达到相识、相知、相助，做到以和为贵、以德为邻、与邻为善，建立良好的人际关系，实现“让城市更美好，让生活更温馨，让居民更文明”的目标。

三、服务计划

（一）服务目标

居民们由最初的被动参加活动，转变为自发组织活动，由偶尔参加活动，转变为主动询问活动，最终形成每周六自觉来社区参加活动的良好习惯。

（二）服务策略

社区活动由最初的居民委员会组织策划，群众参与，转变为社区百姓唱主角，自发组织、自觉融入的活动。建立党员、志愿者教师岗，鼓励党员、志愿者通过自学，走上讲台，在“两学一做”学习教育活动、社区特色艺术课程、健康养生课等课程中，发挥党员以学促行、知行合一，担当作为，争做表率。通过活动持续开展，积极营造了全民携手、人人参与的共享氛围。

四、服务计划实施过程

1. 通过开放周六活动，积极倡导了团结友善、健康向上的社区风尚。社区活动由最初的党委组织策划，群众参与，转变为社区百姓唱主角，自发组织、自觉融入的活动。“我把阳光回报给你”志愿服务活动，让社区困难家庭中有手艺、有特长的居民，在享受政府帮扶的同时，奉献出自己的力量回报社会；“谈谈咱的好楼长”座谈会，居民们纷纷表达对楼长的感谢，歌颂楼长平日里默默无闻为大家奉献的精神，激励了一部分人加入到志愿服务队；“爱心联盟 奉献社会——国际志愿者日”活动，社区单位现场为居民们提供义务服务，与社区困难家庭结成帮扶对子，让他们感受到社区大家庭的温暖；“感受洋文化 欢度圣诞节”活动，通过感受西方人的节日，尽情释放快乐，送去即将到来的新年祝福、传递温暖，增进了社区与居民的关系；开办的“爱心厨艺坊”，倡导居民科学饮食、健康生活，居民们把自己拿手的家常菜和精美面点的制作方法与大家分享，在学习的过程中，为居民提供了展示才艺的平台，每逢节日还专门为社区孤寡老人和空巢老人送去社区的爱心食物，既让居民们在快乐中学习，又让社区孤寡老人和空巢老人感受到社区大家庭的温暖。

2. 通过树立党员骨干，积极培育了甘于奉献、主动服务的骨干队伍。建立党员、志愿者教师岗，鼓励党员、志愿者通过自学，走上讲台，在“两学一做”学习教育活动、社区特色艺术课程、健康养生课等课程中，发挥党员以学促行，知行合一，担当作为，争做表率。通过开展邻里座谈会、党员交流、党员座谈等不同的形式，了解到一部分党员自主服务意识、奉献精神强烈，利用大会表扬，肯定能力，正确引导，增加荣誉感、责任感，为树立先进党员威信，一批党员骨干逐步脱颖而出，在党员、群众中树立榜样，发挥先锋模范作用，弘扬新风正气。一年来，有效化解群体性事件 1 件，邻里矛盾 13 件，办理实事 15 件。

3. 通过活动持续开展，积极引导全民携手、人人参与的共享氛围。居民们由最初的被动参加活动，转变为自发组织活动，由偶尔参加活动，转变为主动询问活动，营造每周六自觉来社区参加活动的良好氛围，从而使社区内尊老爱幼、家庭和睦的多了；邻里纠纷少了，互帮互助的多了；讲封建迷信的少了，相信科学、移风易俗的多了；赌博酗酒的少了，追求健康生活方式的多了，提升了居民的幸福指数，减少了邻里摩擦，获取知识、娱悦身心，提高了居民参与社区事务的积极性，提高了居民们生活在社区的幸福感。周六嘉年华活动开展半年以来，参加活动的居民由固定的三十多人，到现在的百余人次，并且影响力不断扩大，吸引了外社区、外街道的居民参加，甚至有的居民从 30 公里以外的地方赶来参加活动，形成了全民参与的良好氛围。

五、总结评估

创建周六嘉年华项目，助力了社区工作的新格局，充分调动了居民活力，发挥先锋模范作用，积极探索社区文化活动的新途径，满足人民群众日益多样化、多层次和不断增长的精神文化需求，在提高公民道德素养和提升社区文明程度上起到了积极的推动作用，为社区居民创造一个和谐、文明、健康、欢乐的社区大家庭。

六、专业反思

如今，随着世界全球化与城市化的进程不断深入，人们更加意识到和谐社区、和谐邻里关系的重要性。大多数的年轻白领在忙碌完一天的工作之后回到自己的家，没有时间与邻里进行沟通，而繁重的社会压力又往往使他们性格急躁，一旦与邻里产生冲突或者摩擦就会针锋相对，其中最为重要的原因就是邻里之间没有建立起一个和谐的关系，居民之间的交流不畅，是构成如今社区间没有建立起一个和谐氛围的主要原因。许多的家庭回到家中关上家门，而忽略了邻里之间的沟通，造成现代社区中人情冷寞，产生了邻居发生意外而多日不知的悲剧，使得和谐社区、和谐城市的宗旨不能得以落实。每个社区的建立都有一段历史，每个社区的周边都有一些只属于自己社区的文化背景。为了能更好地充分地挖掘环湖东里社区的资源，我们创建了“周六嘉年华”活动。以满足居民群众日益多样化、多层次和不断增长的精神文化需求为出发点，以贴近实际、贴近生活、贴近居民为主要原则，精心打造以“四乐”为主题的社区嘉年华活动，根据居民的兴趣点不断更新活动内容，以多彩多样的活动丰富居民的文化生活，拉近社区与居民的距离，使居民们生活在社区，快乐在社区，周周都有社区大家庭聚会，改变了陌生感，增进了邻里情。

（作者单位：河西区天塔街道）

社区养生讲座

刘 媛

一、背景介绍

我们小区虽然比较老旧，只有准物业，但是由于小区居民的同质性很强，大多都是60岁以上的老人，且老邻居较多。小区的设施环境都很好，而且在该小区当中有不少成熟的群众性文艺团体，文体活动开展得较好。

二、分析预估

社区老年人比较多，对健康常识产生一定的兴趣，而且该社区中有成熟的社区卫生服务中心，社区医生需要定期下社区开展健康方面的咨询以及其他方面的工作，所以就结合当地居民的需求以及现有的资源为居民开展了健康方面的讲座以及主题小组活动并且想通过讲座活动培养出新的社区领袖，带动其他居民，达到成立健康养生团队的目的。

三、服务计划

（一）服务目标

社区中老年人学习自我保健常识，从“看病”意识强逐渐转变到“防病”意识强。

（二）服务策略

1. 社会工作者在介入时主要采用了地区发展模式，该模式主要适用于那些比较简单的社区，社区居民背景单一，居民之间没有明显和根本性的利害冲突，而且居民对于居民委员会以及街道办事处和其他政府部门比较信任。

2. 社会工作者在其中主要起的作用是促进者、导师和中介人的作用，每次活动时除了简要介绍此次活动的内容外，在社区医生讲解完后，社会工作者还带领居民以有奖问答的形式对本次活动进行复习，引导居民积极地参与到活动中来。

3. 社工介入时注意与掌握资源的权力机构的合作，如社区卫生院的医生等；强调居民参与的重要性，为了吸引居民参加，除了准备好热身游戏外，还准备了一些小的礼物。

（三）服务程序

1. 联系社区卫生院的相关人员。

与负责人商定讲座的时间、地点、参与讲座的医生和讲座内容。

2. 参与人员的招募。

居民委员会社区工作人员在社区公告栏张贴通知，并且由社区文艺活动团队负责人、各楼栋长以及社区骨干向居民宣传招募。

3. 布置讲座现场。

根据预计到场的人数安排座椅；调试话筒、音响等讲座时需要用到的一些设备。

4. 准备一些小礼品。

四、服务计划实施过程

通过不同主题的社区讲座活动，让居民了解正确的健康养生常识，并将学到的知识分享给自己的亲戚朋友，起到了“授人以渔”的作用。也能发展一些社区的领袖。每个季度一次的讲座内容涵盖了不同季节的养生常识、穴位按摩、高血压防治、饮食健康、肿瘤防治、老年人睡眠问题以及安全用药等。每次的参与人数都保待在30人左右，而且是基本固定和随机的人群。

每次讲座活动的开展，首先需要提前两周确定讲座内容、时间、日期、地点等相关信息；其次需要在讲座开展前一周在社区各个宣传点位张贴通知，告知社区居民讲座的举办时间、地点、中心思想等；再次在讲座当天布置会场，并为社区的老年朋友准备备用物资（如药品、热水、充饥食品等）；最后在每次讲座的结束时都要求志愿者为在场的居民针对当天讲座内容进行答疑解惑。

五、总结评估

1. 通过健康讲座的开展，使居民增长了不少健康常识，真的做到了小问题自己治的目的。

2. 工作方法和技巧基本运用得当，活动安排有条不紊，活动过程顺利。

3. 社会工作者运用的角色也基本得到了居民的认可，很多居民建议今后应该多组织一些这样的讲座活动来增加自己的生活常识。

六、专业反思

1. 活动的成功开展主要迎合了中老年人的需求，而且又能满足他们渴望专家进行讲解的需求。

2. 一些居民骨干在社区中有着很大的影响力，他们的一些方法虽然不是社工专业的方法，但确实很有用，这可能就是社工专业需要本土化的原因吧。

（作者单位：河西区天塔街道宾水北里社区）

发挥社区作用　共建美丽社区

高智玥

一、背景介绍

某社区位于本区城乡结合部，小区由两个社区合并而成，有12个自然小区，建于20世纪八九十年代，属于老旧小区，小区内有住户3339户，常住居民和外来人员共计9366人。小区人员有三大特点：一是无业居民和生活困难的居民多，二是60岁以上的老人多，三是外来人员多。小区有物业公司管理的，也有准物业管理的。随着社区居民生活水平的日益转变，大家对居住环境的要求也越来越高，对社区居民委员会的工作要求也越来越高。

二、分析预估

如今社区服务工作涉及居民生活的方方面面，哪些事社区可以管？怎么管？哪些事社区不能擅自决策？哪些事应由居民自己决策？这些问题困扰着社区工作人员。如何发挥社区的积极作用，如何激发社会组织活力，如何引导社区居民都参与到社区治理工作中，都是新形势下我们必须破解的新课题。

三、服务计划

充分发挥社区居民委员会的整合、协调作用，引导社区社会组织和更多的社区居民群众参与到社区建设和社区活动中来。运用社会工作研究方法，广泛地听取居民住户的意见和建议，了解他们的需求，通过召开社区议事协商会议、居民代表会议，等等，从硬件和软件上不断提升社区工作能力，全心全意为社区居民服务。

四、服务计划实施过程

第一，为社区居民搭建“成长”平台。在社区中，居民之间多由于地域上的紧密联系和兴趣上的志同道合，自发形成以公益或互益为目的的社会组织。它发起于居民，服务于社区，为其提供必要的阵地，是保证活动顺利开展的前提。为此，社区克服种种困难，在老旧小区这寸土寸金的地域，通过有效压缩办公空间、腾挪、改造等方式，建设了200余平方米的活动场地，为社区居民共享。在这个过程中，大家对活动场地也提出了更高的要求，它们不仅需要充足的活动空间来维系，还需要更具功能性的场地来保障。

第二，发挥基层党组织作用，充分激发居民群众活动，带动和引导居民融入社区。俗话说“远亲不如近邻”，社区党员既是社区的一分子，也是一群特殊身份的人，他们和居民群众朝夕相处，最了解他们的需要和想法。因此要充分发挥他们的作用，增强其在群众中的凝聚力和影响力。

第三，倾心服务，加强沟通。致力于建立社区居民委员会同社区居民之间的互信融洽的关系，为自治管理工作的顺利开展创造条件，社区也将倾心为居民服务，尽力帮他们解决难题。通过召开社区议事协商会议、居民代表会议，等等，了解社区居民的需求。以社区网格化为基础，在联系居民、调解纠纷、政策宣传等方面发挥积极作用，充分调动各方参与社区建设的积极性。全面推行党务、政务公开和社区事务公开，不断扩大群众知情权，发扬基层民主，支持和引导社区居民群众融入社区。

第四，优化社区环境。经过走访调查了解到，小区居民们对社区环境卫生和社区治安稳定两个方面是最看重的。在社区环境卫生方面，做好社区居民与物业公司之间的沟通桥梁，做好监督和指导。并且加强宣传，发动社区力量，宣传环境卫生知识，提倡文明新风，引导居民养成良好生活习惯，树立公共卫生意识。对居住环境重点整治，通过社区工作人员、志愿者带头清理卫生死角，楼道杂物和生活垃圾，提高居民公德意识。在社区治安稳定方面，充分利用社区宣传橱窗、电子屏等宣传载体，宣传普及安全知识。发挥社区居民委员会的桥梁和纽带作用，发挥社区老同志、老党员的作用，发挥社区志愿者、楼栋长的作用，投入到社区的平安建设中，形成小区是我家，管理靠大家，形成人人参与社区的平安建设中的良好的氛围。

第五，开展各种文体活动，展现居民风采。社区现有健身操队、乒乓球队、交谊舞队等活动团队，依托市民学校社区分校、终生学习服务中心等载体，以“我们的节日”以邻居节、道德讲堂、各类节日等为活动契机，开展各类内容丰富、形式多样的文化活动，满足社区居民群众的精神文化，塑造快乐健康的社区环境。并在邻居节期间，进行好邻居、好楼门的评选，积极营造“以德为邻、团结互助、情暖万家、共建和谐”的社区氛围，促进邻里和睦友好，使越来越多的居民走出家门，参与社区活动。

五、总结评估

积极、充分发挥社区居民委员会的作用，让更多的社区居民都参与社区的建设和社区活动，并不是一朝一夕可以完成的，而是需要在日积月累的工作实践中，慢慢地积累信任，慢慢地积累经验。通过社区工作人员的认真努力工作，不断提升自身能力，当好社区居民的这个“联系人”，更好地为居民群众服务。在日常工作中，社区也将更加注意加强与社区居民的交流沟通，征求各方意见和建议，让广大居民更加了解社区，支持社区工作，努力营造居民自治管理和谐氛围。

六、专业反思

美丽社区建设是和谐社区建设的进一步深化，是提升居民幸福指数的重要举措。通过各种实践，在以后的工作中，重点要培育社区居民群众的自治意识和共爱家园意识，共同参与管理，善待小区，及时协调相应关系，调处相关矛盾，社区居民委员会要发挥桥梁与纽带的作用，通过社区居民委员会、社区居民、物业公司之间的互动与互信，实现小区管理有序、服务完善、治安良好、环境优美、文明祥和，将社区建成人人关心、人人参与、人人支持、人人热爱、人人享受的和谐、美丽的家园。

（作者单位：河西区天塔街道富源里社区）

民族同庆　奏响社区和谐乐章

李　莉

一、背景介绍

气象南里社区现有少数民族213人，主要有回族、满族、蒙古族、朝鲜族等。自2016年起，该社区创建民族团结进步示范社区，努力抓民族团结工作，紧紧围绕“共同团结奋斗、共同繁荣发展”的民族工作主题，秉承“各族居民一家亲，共铸和谐社区”的宗旨，开展多种形式和内容的活动，促进民族团结进步的工作，2016年国庆节，社区开展了“民族同庆 我为祖国颂赞歌”大型庆祝活动。

二、分析预估

（一）活动参与人群

以少数民族居民、党员及社区居民为主要参与人群，提高少数民族居民参加社区活动的参与率。

（二）精神文化层面

活动通过文艺、民族知识问答等形式，为社区少数民族文艺爱好者搭建展示平台，普及民族知识，丰富居民节日精神文化生活。

（三）促和谐层面

通过活动的开展，居民对少数民族习俗有了更进一步的了解，大家在一起高唱祝福祖国之歌，奏响社区和谐新乐章。

三、项目计划

（一）项目目标

1. 通过活动的开展，提升少数民族居民对社区的认同感和归属感。

2. 加强社区居民对少数民族历史、文化、风俗的了解，促社区和谐，社区凝聚力。

（二）项目实施策略

1. 确定活动参与人群。

2. 发掘社区少数民族文艺爱好者与社区文化志愿者共同参与。

3. 确定活动内容并具体实施。

（二）活动实施程序

1. 制订活动方案、确定活动形式。

2. 组织参与人群。

3. 按活动方案开展、实施。

四、活动计划实施过程

2016年国庆节前夕，气象南里社区党委结合“创建民族团结进步示范社区”工作，围绕民族和谐主题制订了活动方案、主题，社区邀请少数民族居民及党员代表共同参与，用歌声表达对祖国的祝福，并通过知识竞答活动环节，丰富活动内容，普及少数民族知识。10月1日，气象南里社区开展了“民族同庆 我为祖国颂赞歌”主题活动，社区居民、少数民族党员代表近百人参加了此次活动。活动开始，一曲《歌唱祖国》，就点燃了在场人员的激情，大家齐声高歌，赞美和祝福伟大的祖国，少数民族居民代表也为大家演唱了民族歌曲，悦耳的歌曲，饱满的热情，博得了居民热烈的掌声。活动中的民族知识竞答环节，以“击鼓传花”的方式请居民回答，问题包含民俗、传统节日等内容，大家争先恐后回答主持人提出的问题，其中一道问题是民族团结“三个离不开”的具体内容是什么？一位少数民族党员进行了回答：汉族离不开少数民族；少数民族离不开汉族；各少数民族之间也相互离不开。答案一出，居民热烈鼓掌，掌声表达了居民对民族团结“三个离不开”的赞同，活动最后，大家全体起立再次唱响了《没有共产党就没有新中国》。

五、总结评估

对于此次活动的开展，居民反映非常有意义，感受到了少数民族居民的热情，感受到了民族邻里一家亲的节日气氛，更调动了广大少数民族居民参与活动的积极性，加强了民族团结，增进友谊，增强了社区凝聚力，体现了和谐社区的理念。在今后的工作中，社区将不断总结工作经验，认真组织开展民族团结教育活动。

六、专业反思

作为此次活动的策划者、方案制订者之一及活动主持人，通过这次活动，深深感受到少数民族居民的爱国之心和民族邻里和谐团结氛围，通过反思总结，今后还应在以下方面进行改进：

少数民族居民参与比例要扩大，此次参与活动的少数居民代表约占居民的20%，今后应通过宣传让更多的少数民族居民走出家门，参与到社区活动中来。

（作者单位：河西区天塔街道气象南里社区）

公益项目　助推社区爱老服务

李　莉

气象南里社区建成于20世纪80年代，辖区6个自然小区，3038户7898人，其中60岁以上老人共1865人，约占总人口的24%，为老年型社区，百岁老人2人。空巢老人549户、高龄独居老人35人、高龄特扶母亲1人。社区一直将老龄工作放在重要位置，营造良好的养老氛围，弘扬敬老、爱老、助老的理念，积极开展公益项目。

一、背景介绍

自天塔街道十七届“邻居节百家宴”活动举办以来，居民对饮食文化产生了极大的兴趣，为弘扬睦邻文化，营造互助的氛围，构建居民间的人际交流网络，充实社区居民的生活，促进邻里之间的沟通与交流，助推社区爱老服务，社区居民委员会与老年协会共同创建于2016年1～12月为期一年的公益项目“社区美食汇”。

二、分析预估

（一）社区服务对象层面

气象南里社区属老龄化社区，经居民委员会工作者及社区志愿者对社区老人进行入户走访，了解基本信息及服务等方面的需求，其中高龄独居老人、高龄特扶老人较其他老人在生活和精神心理方面更需要社会的关注与关爱，为此将以上人群列为社区重点服务对象。

（二）社区志愿者层面

通过前期宣传招募，20余名社区热心居民加入了为老服务志愿队伍，成为项目实施人，并将同社区居民委员会工作者共同在重大节日期间开展慰问送温暖活动。

（三）社区睦邻和谐层面

通过项目的推动，社区开展在重大节日期间慰问送温暖系列活动，使高龄独居老人及高龄特扶老人感受来自社区的关爱。该项目定期开展厨艺论坛及展示交流活动，通过活动，志愿者们在提升厨艺的同时促进了邻里关系，营造良好的社区氛围。

三、项目计划

（一）项目目标

1. 完善社区为老服务体系，通过公益项目招募社区志愿者，通过活动的开展，为社区高龄老人提供生活及精神服务。

2. 建立高龄老人志愿服务队伍及社会支持网络，完善社区志愿服务体系。

（二）项目实施策略

1. 分析社区老年人结构，确定服务对象。
2. 提供发掘社区爱好厨艺并能够参与公益活动的志愿者。
3. 与志愿者协同制定公益活动内容并监督实施。

（三）项目实施程序

1. 确定项目目标。
2. 组建项目志愿者队伍。
3. 确定项目活动开展内容并实施。

四、项目计划实施过程

气象南里社区“社区美食汇”是天塔街道十七届“邻居节百家宴”活动延伸的社区公益项目，为期一年，项目以“集百家味、传百家招、汇百家情”为主题，组建有特长、有爱心的志愿者共同组成暖心服务队，在节日期间开展送温暖活动。在项目开展初期，社区党委、老年协会就社区老年人结构进行了分析，确定以社区高龄独居老人及高龄特扶老人为服务对象，通过号召社区志愿参与，使爱心行动厨艺爱好者参与到该项目中来。自2016年初至今，在腊八节、春节、端午节等重大节日为社区老人入户送去美味食品及暖心的问候。“浓情腊八粥 温暖社区情”活动，社区工作者提前购置食材，在腊八节当日，志愿者把精心熬制的腊八粥端到居民委员会，社区邀请了20多位老人共同欢度节日，现场品尝，与此同时，社区工作者和志愿者入户为高龄老人们送去一碗热腾腾的腊八粥，让他们在寒冬里感受到来自社区的温暖；“传递爱心 年夜饺子送到家”活动，一大早，社区工作者和志愿者们就忙碌起来，十多位志愿者包制了500多个水饺，临近中午，热气腾腾的饺子出锅了，志愿者们将包好的饺子送到了社区行动不便的孤寡、高龄、残疾老人家中，为他们送去了社区大家庭的温暖与新年的祝福，让老人们感动不已热泪盈眶；“粽叶飘香过端午，幸福和谐邻里情”活动，志愿者们与社区老人共同品尝亲手包制的香粽，并将自己亲手一针一线缝制驱蚊草药香囊送到了30余位老人手中，和他们一起分享节日的快乐；在项目实施期间，社区还组织开展了“和谐邻里，百家美味”论坛及厨艺交流活动，志愿者们热情交流厨艺心得和公益志愿服务体会。

五、总结评估

通过创建“社区美食汇”公益项目，将传统节日文化和饮食文化融为一体，在为社区居民搭建展示厨艺平台的同时，扩大了社区为老服务志愿者队伍。“远亲不如近邻”，通过活动的开展，为居民之间搭建起沟通的桥梁，增强了居民对社区的认同感、归属感，营造了良好的社区养老氛围。

社区依托公益项目积极开展敬老、爱老、助老活动，为社区老年人提供“暖心”志愿服务，让老人感受到来自社区的关爱，提升了老年人生活的幸福指数，通过参加志愿活动，志愿者们实现了自我价值，体会到“予人玫瑰手留余香”的快乐。

六、专业反思

随着中国人口老龄化进程加快，养老问题尤其是社区孤寡老人的养老问题已日益突出。项目实施期间，通过和老人们近距离的接触，老人们道出一些心里话，他们不仅在精神上需要慰藉，在一些生活小事上老年人同样需要帮助，如换灯泡、天气不好时买菜等大事小情。如何构建社区爱老支持网络，持续性的为老人提供多方位的服务，避免形式主义是社区应该思考的问题，同时，社区工作者也注意到，一些志愿者本身也是独居老人，通过参与活动彼此成为朋友，偶尔一起说说开心的事分享快乐，遇到不顺心的事儿互相劝说化解，在不知不觉中驱除了心中的阴霾，大家感觉到生活在这个社区中，做事有伙伴，聊天有朋友，这也是该公益项目的另一个收获。

（作者单位：河西区天塔街道气象南里社区）

在探索中推动关心下一代工作

张兆新

一、背景介绍

习近平总书记在多次的讲话中强调，少年强、青年强则中国强。

二、分析预估

体育学院社区党委、居民委员会始终把关心下一代工作和社区的日常工作紧密地结合起来。社区居民委员会工作人员研究探索适应当前形势和有助青少年成长的活动方式和内容。在研究探索中，工作人员注意到，少年强是多方面的，既包括思想品德、学习成绩、创新能力，也包括有健康的身体、强壮的体魄。因此安排孩子们的活动要从多方面进行。

三、服务计划

（一）服务目标

丰富未成年人课余文化生活。

（二）服务策略

通过多种形式的文体娱乐活动达到服务目标。

（三）服务程序

1. 制订活动计划。
2. 分工、合作开展活动。
3. 总结经验，完善活动计划。

四、服务计划实施过程

下面从以下几个方面，简要地表述体育学院社区关心下一代工作的开展情况：

（一）挖掘社区老人资源，发挥老年志愿者特长

社区居民委员会根据社区未成年人有学习书法的要求，邀请书法爱好者杨文爷爷、朱家聪爷爷到社区活动室举办书法讲座，教授社区的孩子和他们的家长学书法，练习写大字。

在教授中，爷爷们展示了自己的书法作品，介绍了毛笔字的起源和各种笔体的特点，现场挥毫泼墨写了一些勉励孩子们的书法作品，赠送给孩子们。

在爷爷们的指导下，孩子们执笔练习了基础的笔画。孩子们兴趣盎然，这次活动也受到了社区居民的称赞。居民说开展书法讲座非常有意义，不但让孩子们了解了中华民族传统文化的博大精深，同时也激发了孩子们学习书法、好好学习的兴趣。

（二）观摩武警战士真我风采，体验部队生活

2016 年 2 月 27 日上午，是体育学院社区周六、日开放日，同时也是学生们开学后第一个周末，孩子们在社区工作人员的带领下，来到武警十二中队，观摩军营，体验部队生活。在武警会议室，十二中队的指导员接待了这些未成年人，简要地向他们介绍了中队情况，然后带领他们参观了战士们的宿舍，当孩子们看到战士们叠放整齐像豆腐块状的被子，惊奇不已，再看到房间内摆放有序的物品时感触颇深。

指导员又带孩子们到了宣传栏前，向孩子们介绍十二中队的口号和

部队生活。孩子们感受到了武警官兵不畏困难、吃苦耐劳的精神。最后，武警战士们为孩子们演练了武警的操练操，展示了持械训练，官兵们认真、孔武有力的表演获得了孩子们经久不息的掌声。

半天的警营观摩和体验，让孩子们看到了习近平总书记指出的“建设一支听党指挥、能打胜仗、作风优良的人民军队”在武警战士们身上的真实体现和当代军人的风采，在观摩和体验中，孩子们表示：要用军人的标准要求自己，做一名听党指挥的好少年。

（三）举办家风家训家规讲座

社区居民委员会为了传承中华民族的良好家风、家训、家规，组织我社区的未成年人举办一次家风、家训、家规的讲座。

每个人都知道“家”是温柔的港湾，是每个人起航的基地，传承良好的家风是每一个青少年自幼年起步，确定一生航程，奠定自己良好品行的基础。家风是培养我们立身做人的行为准则。

如今很多孩子们的家长认为，家中的一切事务都要给学习让路，只要学习成绩好，其他的一切都不重要，使无形之中家中很多规矩被排除在外。传统的中华民族的家风、家训、家规得不到很好地继承。没有良好的家规家风，必然会降低青少年人对“家”的重视程度。没规矩的家庭也很难建立起稳定的家庭关系。30 年以前，一个大杂院里住着好几家人，大家出来进去都非常看重别人的评论。如果谁家家风不好，就受到邻里的笑话。如今不同了，住在一个小区，生活在一个楼栋里，可是人和人的来往少了，缺少熟悉的邻里关系，在一定程度上也导致人们对家规、家风的轻视。

社区居民委员会为了让未成年人能够传承好的家风、家规，让他们从小就树立起好的家风、家规，举办家风、家训、家规讲座。为此，社区工作人员以“尊师，重孝道、爱学，懂礼貌，树立勤俭节约的好习惯”为题进行培训。用毛主席、习总书记、朱镕基总理等几位领导人的家风家训的至理名言为孩子们讲述了如何树立一个有担当、有责任、有志向的成长目标，引导这些未成年人学习、继承良好的家风、家规。

（四）生动活泼的法律讲座

在体育学院社区的快乐营地活动中，2016 年 4 月社区请来了河西区法院的法官们为未成年人们讲解法律知识。法官们用生动的语言、直观的视频，深入浅出地为孩子们上了一堂生动的法律课。首先为孩子们讲解了基本的法律知识，然后用一些典型的案例和在校内校外身边发生的案件，给孩子们讲解如何知法、懂法、守法，规范自己的行为举止。孩子们在法律讲座中学到了很多法律知识，增强了知法、守法的法律意识。此次活动也得到了家长们的肯定和认可。

（五）“放飞梦想”

一年一度的“六一”国际儿童节即将到来之际，社区举办了“放飞梦想”——“六一”儿童节特别活动。

2016 年 5 月 24 日下午，社区的孩子们围坐在活动室桌子旁，聆听社区志愿者讲解风筝的制作技巧。随后孩子们在社区准备好的 DIY 手工制作风筝，动起手来，大一点的孩子自行创作，小一些的孩子在一起对现有的动漫人物上进行涂色，然后用竹条固定，安装线轴进行完善。孩子们拿着自己制作的风筝放飞，高高飞起的风筝放飞了孩子们美好的愿望和梦想。

这次活动既动脑又动手，锻炼了孩子们的动手能力，为孩子们送上了一件难忘的儿童节礼物。

（六）快乐营地为未成年人健康成长提供平台

体育学院社区在关心下一代工作中，确实动了脑筋。快乐营地建立以后，起初参与人数很少，而且要挨家挨户地去和家长、孩子们商量，请孩子们参加活动，而且大部分孩子们的家长放心不下，也到活动室陪着孩子。当家长们看到社区工作者接送自己孩子参加活动，在快乐营地社区工作者辅导孩子们写作业，教孩子们做游戏，学法律，树家风，观看科普电影，学习行为想象力、艺术绘画等活动以后，主动送孩子参加快乐营地活动。孩子们每周二下午到快乐营地参加活动已成规律，主动到居民委员会参加活动，2016 年暑假快乐营地举办了夏令营开营仪式，在夏令营组织了“阳光体育、快乐童年”羽毛球赛，“我有一双小巧手”快乐折纸活动，棋类比赛，“七彩假日，童心向党”影片《闪闪的红星》赏析活动。假期读书活动，社区工作人员假期中为孩子们进行了快乐心吧、呵护心灵，传递快乐、心理健康等辅导。

教师节前夕，知心姐姐教孩子们制作手花、贺卡送给各自的老师，近期又在高年级的学生中教授电脑知识。国庆节前夕社区举办升国旗仪式，邀请了孩子们担当升旗手。

五、总结评估

通过社区快乐营地关心下一代的工作开展，丰富了孩子们的课外活动，增进了社区青少年之间的友谊。快乐营地确实成为未成年人健康成长的平台。

（作者单位：河西区天塔街道体育学院社区）

共建整洁美丽家园

左维英

社区环境建设是城区环境的基础，与社区居民生活息息相关。中心城区的老旧社区如何适应城市环境建设的新要求，满足居民群众的期待，是当前社区工作的一个重要任务。下瓦房街道福至里社区按照河西区、街道的要求，立足社区实际，策划开展了“共建整洁美丽家园 福至里社区在行动”主题活动，使社区环境有了新的改观，取得了实实在在的效果。

一、背景介绍

2016 年是社区环境建设任务艰巨而繁重的一年，新形势、新任务对社区环境工作提出了新的更高的要求，社会工作面临着机遇和挑战。一是市、区、街道高度重视社区环境建设，加大资金投入力度和设施新建改造力度，大力推进美丽社区建设，为社区环境建设提供了发展机会。二是河西区面临迎接国家创卫复审，创建美丽社区、创建清洁社区，城市环境三年综合整治，旧楼区长效管理，全运会等一系列重点任务，对社区环境工作提出了严峻的考验。

二、分析预估

面对新形势对社区环境工作的更高要求，福至里社区进行了深入的调研，听取居民群众的意见，认为社区在环境建设上还存在着一些难点问题：一是旧楼改造后的长效管理需要进一步加强，成果需要巩固；二是做为老旧社区市政排水等公共设施老化严重，亟待维修改造；三是居民群众对社区环境的要求越来越高，意见诉求需要及时回应；四是居民对维护社区环境的参与率不高，需要加大宣传力度。

三、服务计划

（一）服务目标

“共建整洁美丽家园 福至里社区在行动”主题活动，以提升社区环境水平，创建美丽社区为总目标，具体工作目标是：一是建立完善旧楼区长效管理机制，提升准物业服务水平；二是推进社区设施的改造力度，逐步解决设施老旧问题；三是强化为民服务的宗旨和作风，提升居民满意度；四是倡导树立环境意识，调动居民参与社区环境建设的积极性。

（二）服务策略

结合福至里社区的实际情况，开展“四个一”活动：一是设立一个环境清整日，二是解决一些环境设施老旧问题，三是实现一个环境网格化管理的工作模式，四是发挥一支社区环境志愿者队伍的作用。

（三）服务程序

“共建整洁美丽家园 福至里社区在行动”系列活动，按照计划按以下程序实施：一是制订计划，宣传发动；二是突出重点，扎实推进；三是针对难点，全力以赴；四是长效管理，巩固成果；五是认真总结，加强监督。

四、实施过程

2016 年以来，福至里社区围绕区街环境建设的任务，扎实开展了“共建整洁美丽家园 福至里社区在行动”主题活动，制订了详细的工作计划，明确了各阶段的重要任务和工作要求，发动居民委员会全体人员全员参与，集中力量全力投入，确保活动顺利开展，社区环境极大提升，群众满意度明显提高。在活动的实施过程中，按照“四个一”工作重点，主要做了以下工作：

一是设立一个环境清整日。每周五上午半天定为社区环境清整日，组织居民委员会全体人员、准物业人员、街道干部、驻街单位、社区党员、志愿者代表等参加，集中清整垃圾堆物、废旧自行车和三轮车；对墙根道牙及绿地内的枯枝、杂物等卫生死角进行集中清理；擦拭小区的垃圾桶、信报箱，确保垃圾箱桶整洁；清除城市小广告，保证社区环境整洁有序。

二是解决一些环境设施老旧问题。协调房管部门对春梅楼小区老旧屋顶进行大修，重新做屋顶防水、隔热等，使春梅楼小区老旧屋顶焕然一新。久仰里小区更换所有外墙雨水管，原绿色塑料管更换为白色塑钢管。实施存诚里小区阳台加固工程。协调市政部门对福至里 6 ~ 13 门进行下水外管网更换。经多方调研并得到下瓦房街道领导支持为久仰里、存诚里安装小区休闲桌椅，满足居民休闲需求。

三是实现一个环境网格化管理的工作模式。按照网格化管理的模式，福至里社区将辖区化分为 7 个网格，社区工作者都兼任网格员，每人负责一个网格，加强对环境的巡视，及时处理解决网格内的环境问题和群众的反映污水外溢、树木虫害、暴露垃圾、施工扬尘等问题。通过此举，极大地提高环境监督管理的工作效率和服务水平。

四是发挥一支社区环境志愿者队伍的作用。福至里社区注重发挥楼栋长、社区党员、志愿者、社会组织的积极作用，加强社区环境志愿者队伍的建设，为他们开展工作创造条件。2016 年以来，社区志愿者不仅每周五坚持参加环境清整日的劳动，而且坚持每天当好环境监督员，做到及时发现及时通知居民委员会协调解决。此外志愿者还主动当好义务宣传员，采取了多种形式宣传了禁烟、灭鼠、食品安全、不乱扔乱倒、不乱贴乱画等，让居民朋友们从点滴做起，从自身做起，搞好环境卫生。

五、总结评估

通过开展“共建整洁美丽家园 福至里社区在行动”主题活动，让社区卫生面貌焕然一新，高标准地完成了河西区、下瓦房街道布置的环境清整任务，旧楼区长效管理水平得到提升，群众满意度不断提高，为建设美丽社区和美丽河西播洒了热情和真诚，付出了辛勤和汗水。

六、专业反思

环境是决定居民委员会、决定整个城区是否宜居的重要因素，因此树立环境意识，改善社区环境的现状不可小视。当前社会工作者举全区之力提升社区环境，是为广大的居民朋友创造更加整洁、温馨、和谐的工作和生活环境，共建整洁家园。通过开展“共建整洁美丽家园 福至里社区在行动”主题活动，社区工作者深切体会到加强社区环境建设，不是一时一事可以做好的，坚持长效化管理是关键所在；社区环境工作任务繁重艰巨，需要争取多方面职能部门支持，扩大群众的理解和参与，下力量解决重点难点问题，做到治理一处，巩固一处，不留死角。

（作者单位：河西区下瓦房街道福至里社区）

老旧社区培养居民骨干带动社区服务

曹　静

一、背景介绍

某老旧社区的居民对社区服务，文化服务、志愿服务等都有强烈需求，然而该社区居民委员会人手紧张，服务供给有限。为此，社区居民委员会和社区工作站与社区内单位进行沟通，计划借助社区一些有条件的单位和专业力量加强社区服务。

社区工作站工作人员在社区走访中发现，社区中已有居民骨干自发组织起来，定期组织一些活动。进一步调查后了解到，有些居民骨干认为，大家组织起来就为了自娱自乐，不希望外来力量多管闲事。

二、分析预估

从上述走访可以看出，部分人不愿意参与志愿服务，认为自娱自乐就好；有的居民骨干之前组织过，但看不到成效，现在失望了；一部分人想为居民们做点事，但不知道怎么做；此外，这些人争取人、财、物等资源的能力欠缺。

针对以上状况，社区工作站召集居民骨干，多次讨论研究，期望达到良好的沟通效果，从而使社区居民享受到更专业的服务，从原先的自娱自乐的文化活动，转变为有组织、有计划、有目的、有乐趣的居民组织活动。

三、服务计划

（一）服务目标

1. 从提升社区居民骨干的认知和思维的角度分析具体服务目标。

（1）使社区居民骨干能够掌握社区生活和共同问题的知识和资料；

（2）使社区居民骨干能够理解资料的相互关系，批判地分析问题；

（3）使社区居民骨干能够引申和推理；

（4）使社区居民骨干能够进行分析和评价，并提出创新的建议。

2. 从提升社区居民骨干的情感和价值观的角度分析具体服务目标。

（1）从感受、兴趣、态度取向和价值观四个方面下功夫，改变社区居民骨干对参与、社会正义、居民权益的感观和价值取向；

（2）通过行动反思的方法澄清价值观，分享个人经历和感受，引起社区居民骨干的共鸣，并巩固其“服务社区”的精神。

3. 从提升社区居民骨干的行为和技巧的角度分析具体服务目标。

（1）使社区居民骨干把握与基层居民沟通的技巧，善于表达对他人的关怀和爱护；

（2）使社区居民骨干能理解文件和有关资料，懂得行政和会议技巧；

（3）使社区居民骨干拥有基层动员的能力，具备谈判、游说、与大众传媒合作的能力等。

（二）服务策略与程序

1. 从提升社区居民骨干的认知和思维的角度实施主要策略。

（1）通过反复练习的方法，让社区居民骨干学习知识和技能，逐步成为个人常识和习惯。

（2）通过思考能力的训练，将个人的感觉经验提升到概念层面的抽象思维中。

（3）通过鼓励社区居民骨干不断发现，使其学会总结经验和不断产生新体会。为了增强社区居民骨干的学习兴趣，降低其对学习的抗拒，社区社会工作者可经常利用个案阐释政策，或将资料简化成为容易记忆的或顺口流畅的口号和歌曲，有效帮助社区居民骨干掌握知识和资料。

2. 从提升社区居民骨干的情感和价值观的角度实施主要策略。

（1）社会工作者的工作是要不断给社区居民骨干灌输公民意识和价值，这些价值包括为他人着想、以公众利益为归依、不损人利己、勇于承担责任等。培育价值观的方法也是多种多样的，如领悟法、辩证法、理性分析法、观念扩展法、模拟游戏法。社区工作者必须灵活运用组织过程，引起讨论，来巩固正面的价值观。

（2）建立“典型”和“模范”，这是塑造理想品德、行为和优秀社区居民骨干的有效方式。树立典范，宣传良好公民的行为，以提高社区居民骨干的素质。事实表明，正面的典范比负面的典型在教育上更为直接，应尽量多多采用。

3. 从提升社区居民骨干的行为和技巧的角度实施主要策略。

（1）肯定模仿学习的重要性。社区工作者应以身作则，积极示范待人处世的行为、态度和技巧，让社区居民骨干观察社会工作者和其他居民骨干的表现，自觉或不自觉地吸收知识、技巧并掌握工作程序。

（2）社会工作者可以采取个别训练和督导的方式，即根据社区居民骨干个体的水平和兴趣设计训练内容。

（3）社会工作者也可以采用示范、心理预习、自我引导、复习等方法，帮助社区居民骨干学习公开演讲、协商、游说等复杂技巧。

四、实施过程

每次活动前，将活动主题告知参与者，通过思考能力的训练，将个人的感觉经验提升进入概念层面的抽象思维中。组织社团活动，明确活动主题，通过反复练习的方法，让社区居民骨干学习知识和技能，逐步成为个人常识和习惯。

社区工作者通过鼓励社区居民骨干不断发现，使其学会总结经验和不断产生新体会。为了增强社区居民骨干的学习兴趣，降低其对学习的抗拒，社区工作者可经常利用个案阐释政策，或将资料简化成为容易记忆的或顺口流畅的口号和歌曲，有效地帮助社区居民骨干掌握知识和资料。

社区工作者的工作是要不断给社区居民骨干灌输公民意识和价值，这些价值包括为他人着想、以公众利益为归依、不损人利己、勇于承担责任等。培育价值观的方法也是多种多样的，如领悟法、辩证法、理性分析法、观念扩展法、模拟游戏法。社区工作者必须灵活运用组织过程，引起讨论，来巩固正面的价值观。

建立“典型”和“模范”，这是塑造理想品德、行为和优秀社区居民骨干的有效方式。树立典范，宣传良好公民的行为，以提高社区居民骨干的素质。事实表明，正面的典范比负面的典型在教育上更为直接，应尽量多多采用。

肯定模仿学习的重要性。社区工作者应以身作则，积极示范待人处世的行为、态度和技巧，让社区居民骨干观察社会工作者和其他居民骨干的表现，自觉或不自觉地吸收知识、技巧并掌握工作程序。

社区工作者可以采取个别训练和督导的方式，即根据社区居民骨干个体的水平和兴趣设计训练内容。社会工作者也可以采用示范、心理预习、自我引导、复习等方法，帮助社区居民骨干学习公开演讲、协商、游说等复杂技巧。

五、总结评估

社区社会工作中提高居民能力建设的主要方法和内容。

从提升社区居民骨干的认知和思维、情感和价值观、行为和技巧三个角度实施策略。

根据社区居民骨干个体的水平和兴趣设计训练内容。社会工作者也可以采用示范、心理预习、自我引导、复习等方法，帮助社区居民骨干学习公开演讲、协商、游说等复杂技巧，最终提升居民能力建设。

六、专业反思

（一）相信服务对象的生命潜能，并充分挖掘

作为社会工作者，要帮助服务对象，但是更应让服务对象学会自己帮助自己。我国社会工作发展还不成熟，大多社会工作会评估服务对象的困

难、需要，然后设法帮助其解决困难，但是很少想到怎样挖掘服务对象的潜能，让其“自助”。要相信服务对象的生命潜能，要“助人”，更要“自助”，这样才是合格的社工。

（二）社会工作者要主动服务

主动接触体现了社会工作者平等的价值观，说明社会工作者不是站在一个高高的位置对服务对象说“你有服务需要，我能帮助你，你来找我吧”。我们应努力学习、实践这种主动服务精神，主动告诉服务对象我能做什么是您需要的。

（三）以服务对象的需要为出发点

曾经的困惑——自身很努力的去交流、提供服务，但是有时候得不到服务对象的回应或者看不到服务对象的改变，令自己产生挫败感、沮丧感。其中有社会工作者提出过一个问题——你为什么总想让服务对象改变，你这种想法是出于你的需要还是服务对象的需要？这是一个尖锐的问题，初听的时候觉得很震惊，然后深思。社工，需要以服务对象的需要为出发点。

（四）善于使用志愿者的力量

许多社会福利机构对志愿者的使用、激励效果很好，达到了既减轻机构的工作量、运行成本，又为有心人提供服务社会、他人的机会和平台，也让有关服务对象得到了很好的帮助的目的和效果。这么说来，作为一名社会工作者需要充分发挥自身善于协调各种资源满足服务对象需要、解决社会问题的专业优势，善于使用志愿者的力量，并有效管理和激励。

（作者单位：河西区下瓦房街道台北路社区）

推动参与志愿活动　完善社区服务网络

孙　倩

一、背景介绍

随着城市化进程的不断加速，“单位人”逐渐向“社区人”转化，社区作为城市的基本细胞，其功能和作用日益受到人们的关注和重视，每个社区有每个社区的特点和特色，如何发挥自身优势，整合资源，凸显出自身的“社区精神”就成了重要课题。

东舍宅社区的基本情况分析：辖区东起海河西岸，西至解放南路，南界湘江道，北邻台儿庄路，是包含商品住宅区和老旧小区的混合型社区，约有居民 2400 多户 6000 余人。其中棉纺厂职工多，老年人和下岗失业人员较多，民风淳朴，生活水平一般，邻里关系融洽。

二、分析预估

由于社区毗邻海河，地处河西、河东交界，交通便利、人员流动性大，同时带来了许多不稳定因素。经过走访调查，居民对社区治安、日常服务、文化娱乐等方面提出了不同需求。

社区确定了“志愿服务聚民心，提升社区幸福指数”的工作思路，利用社区党员多、志愿者多的特点，在原有的红坎肩巡逻队的基础上，成立“红坎肩”暖心联盟，打造一个比较完整的志愿服务网络。

三、服务计划

（一）服务目标

提高居民参与率和参与能力，建立健全志愿服务网络，加强社区归属感。

（二）服务策略

推动居民参与：肯定参与价值、提升居民参与意愿、提高参与能力。

（三）服务程序

筹备策划志愿服务项目、整合资源发掘志愿者骨干、提升志愿服务水平。

四、服务计划实施过程

（一）资源链接：以巡逻队为载体

东舍宅社区巡逻队从最初的几个人发展到现在60余人的志愿者队伍，十年来坚持每天两次的治安巡逻，为社区的平安和谐保驾护航。人员构成分别为党员、楼栋长、志愿者、辖区民警、辅警、综治主任等，巡逻队员平均年龄在60岁以上。

巡逻队曾经先后获得天津市公安局先进治保会和区级治保会荣誉称号，在小区居民中有口皆碑，广受赞誉。这样一支优秀的巡逻队伍活跃在小区中，既发挥了积极的宣传带动作用，也对一些不法分子起到了震慑作用。小区治安更加稳定了，居民出门更放心了，邻里关系也更和睦了，小区的发案率明显下降，居民群众的安全感不断得到加强。

社区召开议事协商会，邀请了老协、巡逻队员、楼栋长等社区不同类型人群，对居民需求进行了调查，了解到由大部分中老年人提出的较为集中的问题，例如，治安稳定、医疗保健、便民服务、子女教育、文化娱乐等需求。

（二）推动居民参与：扩展志愿服务平台

在巡逻队十多年来的发展过程中，涌现出了许多好人好事，例如，坚持为居民义诊十年的“金大夫”、义务维修家电的“残疾人士”、孝亲敬老的“社区好少年”等等。及时发掘这些社区的正能量，不断扩大志愿服务平台，组织社区有特长的居民，相继成立了合唱队、评戏班、义诊队、便民服务队等志愿者队伍，丰富广大居民的生活，发挥志愿者的一技之长，使居民自治能力最大化。

（三）居民能力建设：整合资源搭建联盟

巡逻队多年来所穿的红坎肩已经成为社区的品牌标志，社区以“整合资源，服务为本”的理念，联合辖区内的小学、菜市场、卫生院、物业公司等多方面的资源，成立“红坎肩暖心联盟”，用以打造“10 分钟便民服务圈”。

“红坎肩暖心联盟”下设五支队伍：组建有以党员为骨干的十大员党员奉献队、以治安巡逻队为基础的红坎肩平安巡逻队、以金菊芳为代表的菊芳爱心诊所、以未成年人为成员的小喇叭文明宣讲队、以整合周边资源为条件的 10 分钟便民服务站。

五、总结评估

“红坎肩暖心联盟”使社区的人情味儿更浓了，邻里关系更加和谐融洽，居民的文明程度也在潜移默化中提高了。以“红坎肩”志愿服务精神为引领，倡导无私奉献的新风尚，让更多的人走出家门，参与到社区服务与建设中来，为社区建起了一道“红色人防线”。

“围绕文明社区、和谐社区建设，在社区中建立志愿服务圈引导社区居民开展自助互助、奉献爱心等志愿服务，营造社区“人人参与志愿服务，个个共建文明社区”的良好氛围，深入推动社区志愿服务事业不断向前发展。

“红坎肩暖心联盟”志愿服务组织和个人多次被评为“优秀志愿者服务团队”“优秀志愿者”，并在 2015 年获得了“天津市优秀志愿服务组织”

的荣誉称号。

六、专业反思

随着政府职能的转变，城市管理和服务的重点开始下移到社区，社区也在经济社会协调发展中发挥着重要作用。社区工作者为居民营造“互帮互助”的生活氛围，传播公民意识，帮助树立正面的价值观。

社区工作中要善于发现居民的需求，发掘居民的自治组织能力，让社区工作真正发挥出助人自助的作用，达到“点亮一点、照亮一片”的效果。社区是连接政府与百姓的桥梁，在做到上情下达的同时，更要注重居民自身的组织自治能力，构建群体互动式的社区治理模式。

（作者单位：河西区下瓦房街道东舍宅社区）

解决社区综合环境问题案例分析

王　冬

一、背景介绍

下瓦房街道大沽路社区物业管理员兼社区卫生主任在收取社区居民物业费、清洁费时，发现居民虽能按时足额缴纳物业费、清洁费，但对社区综合环境有大量的牢骚、抱怨、不满。

二、分析预估

根据大沽路社区各自然小区目前环境状况和居民的诉求，物管员初步判定可以参考社区社会工作中的地区发展模式，宣传、动员、发展一批热衷社区事务、有热情、有能力、有时间、有公信力的居民参与到社区公共事务中，通过建立一个“环境卫生自治”组织，形成自我组织、自我管理、自我发展的局面，进而朝着一个共同的目标，发挥各自的潜能，发掘区域资源，实现共治、共管、共享的和谐局面。

物管员先后走访了多位社区居民，了解他们对“环境卫生自治”项目的看法。西楼后街 13 号 4 门的王姐愿意一起解决 13 号院门前垃圾和行路难问题；西楼后街 23 号 2 门的李大爷愿意一起解决 23 号院门前绿地问题；同善里 5 门的赵姨愿意一起解决“武疯子”乱堆废物的问题；信昌大楼 16 门的范姨愿意一起解决信昌大楼路灯不亮和下水管道跑冒问题，其他 5 位热心社区事务的居民也表示愿意一起解决以上问题。

经过走访、收集材料、初步预估等前期工作，物管员与上述 9 位热心居民达成口头协议：邀请他们参与到“环境卫生自治”项目中，成立环境卫生自治小组推动项目运行。物管员运用地区发展模式实施“环境卫生自治”项目，实现社区环境卫生自治，项目推进时间暂定为两年。

三、服务计划

（一）服务目标

1. 任务目标。

（1）解决 13 号院门前垃圾乱堆和行路难问题；

（2）解决 23 号院门前绿地荒废、脏乱问题；

（3）解决同善里“武疯子”乱堆废物问题；

（4）解决信昌大楼路灯不亮问题；

（5）解决信昌大楼下水管道跑冒问题。

2. 过程目标。

通过解决任务目标，调动居民参与社区事务的热情，增强居民解决社区问题的能力、信心和技巧，增加居民参与社区事务的人数，培养居民与社区邻里交流、协商与合作的能力，发掘和培养社区骨干的领导能力。

（二）服务策略

社区参与，社区选择，社区自决。

（三）服务程序

1. 成立组织机构，计划由首批 9 位社区热心居民组成社区环境卫生自治小组，培养骨干对工作的自制能力。

2. 吸引更多的热心群众、志愿者加入其中，有效推动项目顺利健康运行。

3. 促进相互交流，自治小组组织开展座谈、访谈等活动加强热心群众间的交流。通过分配相关的工作任务提升参与者自治的能力和责任感，增强群众参与的兴趣和信心，以吸引更多更广泛的群众参与。

4. 开展宣传教育工作。积极宣传、倡导健康文明的生活方式和良好的卫生行为，曝光居民乱堆、乱泼、乱圈等不文明行为，营造广大群众主动参与、共建、共享的舆论氛围。定期开展卫生文明日活动，健康教育进社区等活动，动员热心社区事务的居民志愿参与社区环境卫生治理工作，逐步建立社区居民参与社区环境卫生整治的机制。

5. 开展社区环境卫生清整工作。

6. 开展社区环境改造。动员居民清理楼道堆积杂物；整改不安全因素；在有条件的情况下，修缮、改造和维护社区的基础设施，治理公共空间，平整路面，安装休闲设备等。

四、服务过程

1. 成立社区环境卫生自治小组。物管员约访沟通后，社区热心群众组成了环境卫生自治小组，社区骨干以自治形式开展社区发动群众、活动策划、志愿服务、文明宣传等工作，确保社区环境卫生自治项目有效推进。

2. 吸引群众参与。吸引更多的热心群众、志愿者加入其中，有效推动项目顺利健康运行。

3. 积极宣传、发动群众。使用座谈、访谈、开动员会、挂横幅、贴标语、发传单等方式动员居民，做到家喻户晓。

4. 开展社区环境卫生清整。坚持物管员和志愿者每日巡视社区卫生环境，记录居民乱扔的柜子、床垫、沙发、杂物等；每周两次对居民乱扔的柜子、床垫、沙发、杂物等进行集中清理，动用街道环卫所的车辆或雇用的社会车辆集中清运。做到社区无卫生死角，无乱扔、无乱堆现象，极大地改善了社区卫生环境面貌。

5. 开展社区环境改造。早在项目立项之初，物管员就与居民共同发现社区里的环境问题，共同筛选哪些是通过卫生清整就可以完成的，哪些是需要大家共同努力寻找各种资源才能解决的。下面就详细介绍居民共同筛选的，通过大家共同努力完成的案例：

（1）通过和自治小组成员讨论，征求热心群众的意见、建议，以同善里为切入点，开展社区环境改造。5门3楼一男子有严重精神障碍（有攻击倾向），人称“武疯子”，到处捡垃圾、拾废品。能卖的，就卖了；不能卖的，就堆放在楼门前变电箱周围，对居民正常生活造成极大安全隐患，但服务社区的保洁员、准物业公司工作人员惧怕这个“武疯子”，不敢清理；周围群众也都惧怕这个“武疯子”，敢怒不敢言。

物管员找到他，直言变电箱周围不能乱堆乱放杂物，这样存在着极大的安全隐患。要求自行清理，但该住户充耳不闻，仍我行我素，该堆堆、该放放，一副满不在乎的样子，让人感觉就是你敢碰我的东西，我就和你玩命。物管员不惧不怕，于2014年12月8日物管员组织群众代表、楼栋长、人民群众现场见证，带领社区人员不怕脏、不怕臭、不怕“武疯子”犯病攻击，对此处严重隐患进行了果断、彻底的清理，效果良好，周边居民拍手称快。

但好景不长，过了不几天，变电箱周边又堆满了垃圾废品。2014年12月20日对此处进行了再次清理。2015年1月27日，对此处进行了第三次清理。2015年2月11日，春节前第四次进行清理。经过多次清理，该住户不再往变电箱周围堆放杂物了，大家都觉得大功告成，非常欣慰。

但事与愿违，2015年“十一”后，物管员在日常巡视查楼中发现，他的东西不放变电箱周围了，又放在楼道里了，从一楼到五楼，堆得满满当当的，码放得整整齐齐。堆物散发着刺鼻的异味，住户上下楼极其不便，楼上楼下住户怨声载道，但对“武疯子”惧怕，敢怒不敢言。从而大家拒绝交纳物业费、清洁费。

物管员看在眼里，急在心上，多次对其进行劝导无效，于2016年借助春节前卫生大清查的机会，又进行了一次彻底清整。在清整前张贴通知告知楼里住户，社区要对楼道进行集中彻底清理，有用的收起来，无用的就清理了。清理那天，社区带着收废品的到达现场，有用的帮他收起来，能卖的现场变卖，无用的统统清走。清理时物管员戴了两层口罩，被杂物中散发的刺激气味熏得恶心、干呕，回家不想吃饭，清理一直持续了两天，共清理杂物七车。

通过一年多的坚持，终于有了成果，“武疯子”不再乱堆乱放了。这时，物管员发现，他又不知从哪里弄来两辆破自行车，把捡来的废品，系在自行车上，成了流动的堆物。2016夏天，区创卫复审，物管员创造性地也是无奈地收购武疯子捡拾的各种垃圾、废物。顺利地完成我区创卫复审任务。

通过对“武疯子”的坚持清理，效果在于：让群众看到环境卫生自治小组为百姓办好事实事的行动和决心；从而吸引更多群众参与到环境卫生自治小组项目中；使环境卫生自治小组项目推动得更顺利；同善里 1 ~ 12 门 200 户的物业费、清洁费收缴率大幅度提高，满意率、支持率大幅度提高。社区工作人员在以后工作时一定不要惧怕、坚持专业疏导、循序渐进、做到文明清理（尽可能留出时间让住户自清）、坚决清理、持续清理、人性化清理，这样才能取得良好的效果。

（2）西楼后街 23 号门前，有一片绿地，由于日常缺乏管理，绿地荒芜，遍地宠物粪便，脏乱不堪。群众反映强烈，环境卫生自治小组把居民的诉求反映给居民委员会、街道、政府相关部门，很快政府决定重铺绿地、重种树木。但开工后，群众却不认可恢复方案。物管员与环境卫生自治小组现场协调，一方面听取群众建议和意见，另一方面向群众宣传政策。最后，听取了群众合理意见、建议，修改了整修方案，顺利完成了恢复绿地的工作，解决了群众的诉求，完成了政府的任务。这事告诉我们，政府为群众做实事、做好事，但不能一厢情愿，要认真听取群众建议、意见，充分与拟订的方案结合，才能达到群众满意、政府满意，才能把事做好。这件事提高了居民与政府部门沟通协调能力，提升了居民自行处理社区环境卫生的信心，更多的群众主动要求参与到该项目中来。

（3）2015 年 5 月天气逐渐热起来，社区西楼后街 13 号院居民反映，门前的大沽路菜市场垃圾乱堆乱放，污水乱泼乱倒，周围臭味难闻、臭水四溅，车辆辗压致使地基松散塌陷，过人过车极其困难，给居民生活造成不便。居民急切盼望政府彻底解决此处垃圾随意堆放、污水乱泼乱倒、气味难闻、行路不便等问题。

环境卫生自治小组与居民代表首先找到菜市场管理人员反映居民诉求，提出整改意见，市场人员说这是环卫的事。环境卫生自治小组带着居民代表又找到环卫部门，经一名主任现场协调，只解决了垃圾异地集中堆放的问题，但路面整修仍是未解决的难题。无奈之下，环境卫生自治小组带着居民代表又找到道路管理所，经过多次协调，于 10 月中旬对路面进行整修，经过 5 个月的努力，终于解决了这个老大难的问题。老百姓的愿望实现了，180 户直接受益。通过这件事，自治小组成员与广大居民认识到，为群众办事不但要有热情，还要有信心、决心，更要有耐心，只有坚持，才能把事办成。

（4）信昌大楼 1994 年建成，排水管道产权归下瓦房房管站所有，站里每年给河西排水所日常养护费，由河西排水所负责日常保养、疏通。自2015年起，房管站不再支付保养疏通费用，排水所也就不再负责日常保养疏通工作。没有了专业养护，随之而来就是下水管道经常堵塞、跑冒、污水外溢、臭气熏天，严重影响了周围群众的日常生活，群众怨声载道，天天给居民委员会打电话或到居民委员会反映，要求解决。但是，效果却并不明显，下水管道通了堵，堵了通反反复复地拖了一年时间，最后，在居民委员会的不懈努力下，2016年7月，河西排水所对信昌大楼8门至38门进行改造，彻底解决了污水跑冒、臭气熏天、影响百姓生活的问题，居民拍手称快。

（5）信昌大楼1994年建成，但由于小区路灯没交配套费，没移交给路灯处。因年久失修，绝大部分路灯已不亮，居民出入极不方便，群众找到多个部门区建委、区房管局、街道均无法解决。2016年区里下发民生工程服务款项，自治小组和热心群众通过召开居民大会、居民委员会会议、社区党委会议通过了维修信昌大楼路灯的决议。现信昌大楼15～20门路灯已安装完毕，21～38门路灯问题正在安装中。通过这件事提高了居民通过正常途径解决问题的能力。

（6）大沽路社区没有供居民室外休闲、乘凉的座椅。在解决信昌大楼路灯问题时，根据居民的要求在大沽路社区安装了20把休闲椅。现已成为河西区的示范工程。

五、总结评估

经过近两年的专业服务，服务目标中的5个具体任务目标均已完成，并根据实际情况又追加一个任务。通过解决完成任务目标，提高了居民参与社区事务的热情，参与率达到67%，较之两年前提高了37个百分点。通过解决居民身边的具体问题，增强了居民解决社区问题的能力、信心和技巧；通过与区政府、街道等相关部门沟通、交流，增强了居民对相关资源的了解、运用；通过解决居民身边的具体问题，扩大了居民参与社区事务的人数；通过查找问题、筛选问题、制订方案、筛选方案、最后确定方案，培养了居民与社区邻里交流、协商与合作的能力；通过两年时间的历练，发掘和培养社区骨干13名。社区环境卫生自治项目顺利结案。

六、专业反思

在这个案例中，物管员带领社区环境卫生自治小组和社区居民在街道办事处和居民委员会的监督、指导、帮助下，充分运用和整合各种、各方内部、外部资源，较好地运用社区社会工作方法中的地区发展模式方法和技巧，使社区居民能够独立和客观地发现社区问题，通过集体协商，积极寻找内部、外部资源，有信心、有能力解决社区遇到的所有问题。

（作者单位：河西区下瓦房街道大沽路社区）

情暖夕阳　幸福共享

——关爱社区老年群体案例

董袭慧

一、背景介绍

我社区60岁以上老年人约751人，常住约560人，其中70岁以上约202人，80岁以上约86人，同时，辖区内坐落着两个养老院——五福养老院、长青养老院。在进入老龄化社会的过程中，如何更好地关爱老年人成为社会的热点问题，也成为我社区的重点工作之一。

二、分析预估

将关爱老年人行动落到实处，让生活在这里的老年人真正感受到社区大家庭的关爱，社区按照“明确目标，夯实基础，创新特色”的工作思路，在弘扬“敬老、助老、爱老”精神的基础上，发挥优势，打造特色品牌——“情暖夕阳 幸福共享”，号召志愿者创建学雷锋社区志愿服务队，有效发挥社区的力量，营造文明和谐、健康向上、关爱老人的良好氛围，建设特色鲜明的和谐社区。

三、服务计划

（一）服务目标

打造邻里互助、相互关怀、老有所依、健康向上的和谐敬老爱老社区。

（二）服务策略

采用直接介入、间接介入两种策略。

运用社区的内在资源直接介入帮助服务对象，以达到改变的目标，帮助服务对象对事物采取正确的分析态度与方法，从而能够有效地解决问题，改进服务对象扮演社会性角色的技巧，发掘服务对象的潜能，并帮助他们建立积极的人生观。包括直接对社区老年居民进行服务，包括老年人问题的直接了解、主观能动性的发挥等方面进行服务。在这里，社会工作人员主要扮演辅导者、促进者、提供意见者和教育者的角色。

运用现有的外部资源间接介入帮助服务对象。运用外部资源的目的是将服务对象系统与资源系统链接起来以增强服务对象的社会功能。外部资源包括了正式的资源系统——各类服务机构和非正式的资源系统——家庭、邻居、亲戚、朋友等，这里社区工作人员主要扮演中介人、倡导者和促进者的角色。

（三）服务程序

1. 依据我社区老年居民的需求，就老年人如何打造幸福的晚年生活进行调研。

2. 针对调研居民的需求制订服务计划。

四、实施过程

为了打造“老有所学、老有所乐”的文化社区，同时发挥老年人的余热，营造和谐的环境，在社区已经组建广场操舞队、合唱团、乒乓球队、太极拳队、义务巡逻队、老年志愿服务队、老年协会等的基础上，2016 年社区组织多种文体娱乐活动，推动成立书法组、电脑班，让更多有专长和爱好的老年朋友们加入进来。同时继续举办丰富老年人生活的各类特色活动。

社区积极响应“1 +1 +1”的助老活动，社区志愿者与困难老人结对子16 组，不定期地上门和老人们聊天、做家务。社区工作人员积极联系驻辖区单位，蒙兰西餐厅与我社区建立了长期的互助关系，每年两次为社区

85 岁以上行动不便的老年人提供餐饮帮助。社区志愿服务队在居民委员会的带领下，每周定期深入到辖区单位五福养老院服务老人，为老人包饺子。重点的年节，如重阳节、新年等，居民委员会工作人员都和老人们一同庆祝。

从贴近民生、服务群众等方面，设立了与群众生活密切相关的政策宣传、法律咨询、反宣币、综治缉毒、卫生、健康服务、生活服务、劳动保障等十余个展台，聘请了专业人员为大家答疑解惑。组织辖区零散商铺为社区居民提供优质产品一条街服务。

五、总结评估

1. 加强社区养老服务队内部组织能力建设，完善相关岗位职责；

2. 完善志愿者招募制度，加强对志愿者的管理和培训，使志愿者服务更加贴近老年群体；

3. 体现综合效能，扩大受益人群覆盖面。

六、专业反思

随着我国老年人长期照护服务事业的发展，新的发展趋势和要求不断产生，例如，目前以社区和家庭为基础的“就地养老”、互联网模式下的“智慧养老”，以及“互助养老”等趋势和要求，都对社区养老模式的发展提供了新的思路和方法。如果继续沿用以往这种“板块化”的研究范式，将很难适应如何帮助老年人在社区提升自我满足感、幸福感服务发展的新趋势。因此，需要社区继续加强社区老年文化生活服务模式，同时兼顾家庭—社区照护服务模式及医养结合照护服务模式，作为保障支撑。

（作者单位：河西区友谊路街道）

社区老龄工作案例

西园西里社区

一、背景介绍

西园西里社区是一个老旧小区，始建于20世纪80年代，占地面积0.15平方千米。社区内有西园西里、随园里、海建里3个自然小区，132个楼栋，社区共有居民1988户4370人。西园西里社区内的老年人口数量较为庞大，现有60岁以上老年人1417名，约占社区总人口的32%，其中：60岁至69岁老年人634名，70岁至79岁老年人533名，80岁至89岁老年人234名，90岁以上老年人16名。

老年人是社会的重要组成部分，解决好他们的养老问题有助于社会和谐。为做好“老有所养、老有所为、老有所乐”工作，2013年12月市委、市政府投入巨资对西园西里、海建里进行旧楼区提升改造，硬件的提升使居民生活更加宜居，社区的发展更加和谐。2014年5月，西园西里新建居民委员会正式投入使用，配有综合活动室、日间照料室、老年配餐室、书吧、未成年人心理辅导室、学雷锋基地、道德讲堂、市民学校、家庭幸福指导室、党员活动室等综合性服务设施，建筑面积共计365平方米，可以满足老年人的各种需求。

二、分析预估

老年人是社区内的一个重要群体，随着老龄化社会的到来，老年人的所占比重将会越来越大，社区的事务与老年人的生活息息相关，他们有权利也有义务去关心和参与社区事务，但现实并非如此，这主要有以下几方面原因：

（一）老年人自身

大多数老年人普遍对社区周围发生的事情很少关心，他们很少参与社区内的活动，也极少动用社区的资源。老年人的日常生活基本上是在家里做做家务、带带孙子，空余时间与同辈互相倾谈，或从事一些运动量小的活动，如打麻将、下棋等。

（二）老年人问题的误区

大多数人认为老年人问题产生的原因，主要是老年人个体生理上的衰退和老化。因此，在解决老年人问题的过程中，社区工作人员常常过多地强调加强老年人的适应能力，调整其角色去回应老化的转变，而比较少检视社会环境及社会制度对老年人所产生的影响。

（三）社会上的偏见

社会上不少人对老年人存有偏见，往往抱有一种否定的心态，这势必会影响老年人的自我评价。老年人会因此而感到自卑，有强烈的无助感、无能感和丧失感，觉得自己是社会和家人的累赘。

三、服务计划

（一）服务目标

1. 夯实基础，认真落实“1 + N + 1”社区助老服务活动

动员和组织好邻居、志愿者与困难老人结成帮扶对子，签订帮扶协议，建立助老服务的电话联系网，实行“N 对一”服务。对社区“1 + N + 1”助老帮扶对子实行动态管理，适时充实、调整志愿者队伍，对网格内孤寡、困难、生活不便的老人进行定期入户走访，并在能力范围内为其解决实际困难。

2. 大力开展老年人的文化体育活动

及时调整、完善社区社团队伍，保障每一次社团活动的时间、地点，使

老人在感受到社区关爱的同时，也能够丰富自己的晚年生活。最终要使年逾古稀的老人们走出家门，融入社区，积极参加健康的文体活动，做到“老有所为、老有所乐”。

3. 充分重视社区老年协会的建设与发展

坚持每月例会制度，坚持学习《中华人民共和国老年人权益保障法》，以身作则，团结一致，为社区老年事业添砖加瓦。集合各方力量整理社区老年人六册一卡档案，把社会孤老、企业孤老、空巢老人、80 岁以上高龄老人、失能或半失能老人和生活困难老人这六类特殊老人作为社区老龄工作的重点服务对象。

（二）服务策略

1. 根据对社区人口结构、人文环境等诸多层面的分析，我们以“1 + N + 1”助老帮扶对子作为西园西里社区老龄工作的重中之重。“1 + N + 1”社区志愿助老服务活动就是由一个好邻居、多个社区志愿者帮扶一名困难老人（困难老人多是指空巢独居老人、高龄老人、身体有病或失能的老人）。

2. 为了对困难老人提供更好更全面的服务，社区居民委员会在一个好邻居、多个社区志愿者帮扶一名困难老人的基础上，动员驻区单位和社区内有专业技能的志愿者参加帮扶队伍，并成立了助老服务队。社区助老专业服务队中包含着社区医院大夫、煤气检修技工、水电维修人员、律师、片警、理发员等多方力量。此外，居民委员会印制了助老爱心服务卡，不论老人有什么困难、需要什么服务，一个电话就会得到解决，这种便捷的服务方式深受老人的欢迎。

（三）服务程序

1. 签订协议

积极动员和组织好邻居志愿者同困难老人结成帮扶对子、签订帮扶协议，建立助老服务的电话联系网，实行“N 对一”服务。社区共动员出好邻居、志愿者 100 余人，同 16 名困难老人结了帮扶对子，结对率达到 100%。

2. 生活照料

好邻居、志愿者们坚持每天同困难老人见一次面、打一个电话、道一声问候，对于老人生活中的各种不便，能帮则帮，为困难老人做了大量的好事和实事，帮助他们解决了许多生活中遇到的实际困难。

3. 精神慰藉

为了解除老人的孤独和寂寞，好邻居、志愿者们深入困难老人家中同他们说话聊天拉家常，有的志愿者陪伴老人外出散步，还有的志愿者用轮椅推着行动不便的老人逛公园。

四、实施过程

在西园西里社区党委、居民委员会“两委”班子、居民委员会社工们的带领下，好邻居、志愿者们纷纷与社区孤寡老人签订了帮扶协议，并按照协议中的各项要求认真执行。他们发挥自身余热，把“1＋N＋1”助老帮扶活动落实到困难老人身边的每一件小事上。

西园西里社区志愿者穆某住在困难老人邢奶奶楼上，邢奶奶无儿无女，年岁较大，始终独自一人生活。他坚持每日上门和老人打招呼、送问候。年初之时，老人的腿疾复发，疼痛难忍导致行走不便。穆某主动承担起帮助老人采买生活必需品的重担，他为老人买菜、买粮、买药、缴纳电费，与此同时，帮助老人联系其他亲属，督促他们送邢奶奶及时就医。无论工作多么忙碌，他总是在下班后来到老人家中与邢奶奶闲话家常。邢奶奶在社区志愿者的热心帮助下，渐渐不再感到孤独无助。后来邢奶奶加入了社区民乐社团，积极参与社区活动，从中感受到了社区大家庭的温暖。

社区的困难老人付奶奶也是一名孤寡老人，她老伴过世多年，无儿无女，独自生活。志愿者杨某某自从了解到老人的困难后，常常上门探望老人，并发挥自身余热，帮助付奶奶修理各种电器。有一次，在聊天时偶然听老人提起家中的自来水水管由于年久失修已很难正常出水，又看到老人家中墙上插座掉落导致电线裸露在外，存在着不小的安全隐患。杨师傅看在眼里，急在心里，赶忙联系自来水公司前来为老人更换家中水管，并请一位熟识的电工前来为老人家中排除安全隐患。

每逢重大节日，为了不让老人们感到孤单，社区志愿者们都会前往“1＋N＋1”老人家中探望。大年三十晚上，社区居民委员会主任、委员们前去每一位帮扶老人家中拜年、慰问，并为他们送上了精心准备的节日食品；端午节前夕，为了让老人们过上一个愉快温馨的节日，社区居民委员会成员、老年协会会长、志愿者们结成对子一起来到老人家中慰问，为每位老人送上一份粽子，并祝老人们身体健康；庆腊八节联欢会上，各社团为老人们进行了文艺展演：舞蹈队舞姿曼妙，婀娜多姿；大合唱歌声优美，余音绕梁；太极拳队动中寓静，形神兼备，为老人们过上了一个快乐祥和的腊八节。

五、总结评估

自从志愿者们与老人每日“见一次面、打一通电话、道一声问候”的行动落到实处后，社区中没有发生过一起老人不幸的突发事件。与此同时，“1+N+1”助老帮扶活动得到了困难老人及其亲属高度赞扬，老人们一再表示感谢党、感谢政府多年以来对他们的关心和照顾，弘扬了西园西里社区“敬老、爱老、助老”的优良传统，为社区、为社会增加了正能量。

六、专业反思

多年来，西园西里社区积极开展了形式多样的助老帮扶活动，取得了较好成绩。但是，“1+N+1”帮扶工作仍然存在着一些问题，主要是节假日帮扶多，经常性帮扶少；笼统性帮扶多，针对性帮扶少。因此，“帮”没有帮到“坎”上，没能很好地把志愿者们的助老帮扶活动与每一位“1+N+1”困难老年人的实际需求有效结合，解决不了根本问题。

困难老人的需求是不同的。为了增强帮扶的时效性，社区应当分析每一位困难老人的实际需求，组织志愿者们有的放矢地提供助老帮扶服务。我们在今后的工作中还要更好地为社区居民服务，充实西园西里社区志愿者队伍，再接再励，继续做好老年工作，让老年人幸福在西里，欢乐在西里。

（作者单位：河西区友谊路街道西园西里社区）

打造健康成长乐园

于欣濾

一、背景介绍

港云里社区坐落在天津市文化中心附近，由港云里、绮云里两个自然小区组成。目前小区总人口数为2854人，其中未成年人305人。社区中主要以隔辈人带孩子的情况居多。为了解决学校放学后、家长下班前未成年人失管、失教问题，居民委员会努力为孩子们搭建学习知识的平台、展示才华的空间、交流互动的纽带、健康成长的乐园。

二、分析预估

通过整合社区教育、阵地资源，精心设计活动载体，配合学校教育、家庭教育，居民委员会联系天津科技馆的志愿者老师，定期为社区未成年人开展科普讲座、科学实验活动。为社区未成年人营造学科学、爱科学的良好氛围，使家长和孩子们受益。

三、服务计划

（一）服务目标

丰富社区未成年人的课余生活，培养辖区未成年人的“人文素养”、增强未成年人的科学意识、扩大孩子们的知识视野、提升孩子们的实践能力和探索兴趣。

（二）服务策略

1. 每年度上、下学期，每月开展一次活动。
2. 寒暑假期间，安排3～5场活动。

（三）服务程序

1. 每学期开学初，结合双方单位的工作计划，以及青少年学校的课程时间安排情况，预定每月活动时间。活动主题在活动前预先联系沟通确定。

2. 寒暑假活动，在放假前夕联系沟通好讲座和实验的课程时间和活动主题。在每个假期的开营仪式上向社区青少年公布假期整体活动安排。

3. 社区工作人员结合社区青少年的特点和喜好，为天津科技馆的志愿者老师提供可选的活动主题，为活动的顺利开展准备硬件设施，并配合志愿者老师组织活动。

4. 社区工作人员负责通知青少年活动时间，并负责记录考勤，撰写活动信息和现场拍照。

四、实施过程

港云里社区为发挥“五爱教育”阵地的良好作用，为社区青少年营造学科学的浓厚氛围，丰富青少年的课余生活，推进青少年科普教育工作。港云里社区联合天津科技馆的志愿者老师为青少年开展“昆虫知识”科普讲座活动。

2016年9月20日下午，港云里社区活动室内座无虚席，这里正举行着昆虫科普知识讲座，来自科技馆的志愿者老师用诙谐、幽默的语言把大家带进了一个奇特的昆虫世界。老师从认识昆虫开始向大家介绍了昆虫的分类、地位，昆虫一生的变化，昆虫对地球的贡献，善于隐形的昆虫和值得观赏的昆虫。通过一张张精美的昆虫图片，一个个关于昆虫生活的趣事，一个个昆虫实物和标本，让大家了解了神秘的昆虫世界。活动中，青少年对讲座内容表现出浓厚的兴趣，积极思考，踊跃回答老师提出的各类问题。

五、总结评估

通过一场场讲座的开展、一个个实验课程的真实操作，提升了社区青少年对探索自然的兴趣，加强了对青少年群体的科普教育，激发孩子们对科学的兴趣以及在生活中探索科学，思考科学原理，从而起到科学启蒙的作用，提高青少年的科学文化素养。同时对社区里的家长们也进一步普及了科学知识，倡导了科学方法，提高了科普意识。营造了良好的“爱科学、讲科学、学科学、用科学”的氛围。

六、专业反思

2015 年底，港云里社区被评为“五爱”教育阵地。在感到欣喜的同时，社区工作人员更感到责任重大、使命光荣。下一步，社区工作人员将进一步创新服务形式，丰富活动内容，建设好、管理好、使用好“五爱教育”阵地，让它成为港云里社区未成年人家门口的健康乐园。

（作者单位：河西区越秀路街道港云里社区）